U0032234

全新增訂版

占星進階辭典

ASTROLOGY
A TO Z

AOA國際占星研究院創辦人 **魯道夫** —— 著

作者序

　　《占星進階辭典》從 2007 年出版至今已經 12 年，這 12 年當中，華人占星學界不斷地進步，人才輩出，許多人紛紛投入了占星書籍出版與占星教育的推廣工作。在當年，中文占星專業書籍仍屬於少數；現今不斷有新的著作出版與翻譯，身為占星學界的一分子，我有著許多感動。12 年相當於一個木星循環，木星象徵著成長與擴張，在國際占星研究院（Academy of Astrology）與春光出版社的討論之下，決定進行《占星進階辭典》的改版工作。考量當今占星學界對於傳統占星（Traditional Astrology）的喜好，我們加入了更多與傳統占星有關的詞彙，期盼改版之後的《占星進階辭典》能夠滿足占星愛好者的需求。

　　在這裡要特別感謝小修（Yvetta Chang）對於這個計畫所付出的心血，以及感謝香港布萊恩老師對這本書的編譯與協助，更感謝每一位占星老師對我的指導及鼓勵，國際占星研究院的伙伴們，Jupiter 老師、Cici 老師、艾曼達老師、Josephine 老師，與在中國的許展老師與 Yuki 老師對我長久以來的支持。最後，要感謝春光出版社長期以來的支持以及對華文占星書籍出版工作的付出，當然還有廣大的華人占星愛好者，謝謝有你們的支持。

魯道夫

2019 年 10 月

目次
CONTENTS

│ Co-Ruler 共同守護星 │ Cosmobiology 宇宙生物學 │ Crescent Moon 新月 │ Cupido 丘比特 │ Cusp 宮首 │ Cycle 週期

069

Daily Motion 每日移動 │ Davison Chart（Davison Relationship Chart）戴維遜關係圖 │ Daylight Savings Time（DST）日光節約時間 │ Decanate 十度區間 │ Decile 十分相 │ Declination Aspect 赤緯相位（傾斜相位） │ Degree Dial 度數盤 │ Descendant 下降點 │ Detriment 弱勢 │ Direct Motion 順行 │ Direction 正向推運法 │ Dispositor 支配星 │ Disseminating Moon 散播月相 │ Dissociation Aspects 分離相位 │ Diurnal 每日的（日間的） │ Draconic Chart and Draconic Zodiac 龍頭圖與龍頭黃道 │ Dragon's Head 龍頭 │ Dragon's Tail 龍尾 │ Dry Sign 乾性星座

089

Earth Element 土元素 │ Earth House 土相宮位 │ Earth Sign 土相星座 │ Eastern House 東方宮位 │ Eclipse 蝕 │ Ecliptic 黃道 │ Eighth House 第 8 宮 │ Electional Astrology 擇日占星學 │ Element 元素 │ Eleventh House 第 11 宮 │ Elongation 距角 │ Ending House 結束宮位 │ Ephemeris 星曆 │ Equal House System 等宮制 │ Equator 赤道 │ Equinox 均分點 │ Equinox Sign 均分點星座 │ Esoteric Astrology 神祕占星學 │ Event Chart 事件圖 │ Evolutionary Astrology 演化占星 │ Exaltation 擢升

101

Face 面（十度守護） │ Fall 失利 │ Feeling House 感覺宮 │ Feeling Type 感覺型 │ Feminine Planet 陰性行星（女性行星） │ Feminine Sign 陰性星座 │ Fifth House 第 5 宮 │ Final Dispositor 最終支配星 │ Financial Astrology 財經占星學 │ Finger of Fate 命運之指 │ Finger of the World 世界手指 │ Firdaria 法達星限法 │ Fire Element 火元素 │ Fire House 火相宮位 │ Fire Sign 火相星座 │ First House 第 1 宮 │ First Quarter Moon 第 1 象限月 │ Fixed Cross（Grand）固定大十字 │ Fixed Sign 固定星座 │ Fixed Star 恆星 │ Fourth House 第 4 宮 │ Fruitful Sign 多產星座 │ Full Moon 滿月

121

Galactic Centre 銀河中心 │ Galaxy 銀河 │ Gate of Birth 生之門 │ Gate of Death 死亡之門 │ Gemini 雙子座 │ Geocentric 地球中心 │ Gibbous Moon 凸月（上弦月） │ Glyph 符號 │ Goat 山羊

| Grand Cross 大十字 | Grand Trine 大三角 | Great Conjunction 木土合相 | Great Month 大月 | Great Year 大年 | Greenwich Sidereal Time 格林威治恆星時間

H
129

Hades 黑帝斯 | Hamburg School 漢堡學派 | Hard Aspect 強硬相位 | Harmonic Chart 泛音盤 | Hayz（Haiz）共性尊貴 | Heliacal Rising 偕日升星 | Heliacal Setting 偕日降星 | Heliocentric 太陽中心 | Heliocentric Astrology 太陽中心占星學 | Heliocentric Chart 太陽中心星圖 | Hemisphere 半球 | Hindu Zodiac 吠陀黃道 | Horary Astrology 時辰占卜占星學（又稱卜卦占星學）| Horizon 地平線 | Horoscope 星圖（天宮圖）| House 宮位 | House Division 分宮制 | Human Sign 人類星座 | Humid 濕 | Hypothetical Planet 虛星

I
177

Imum Coeli（Immum Coeli）天底 | Inconjunct 非結合狀態 | Increasing Light 亮度增強 | Inferior Planet 內圍行星 | Ingress 入境 | Ingress Chart 入境圖（進宮圖）| Ingress Sign 入境星座 | Inner Planet 內行星 | Intercepted House 截奪宮 | Intercepted Planet 被截奪行星 | Interception 截奪 | Interval 差距（音程）| Intuitive Type 直覺型

J
187

Joint Ruler 共同守護星 | Joint Rulership 共同守護關係 | Jones Patterns 瓊斯圖形 | Juno 婚神星 | Jupiter 木星 | Jupiter-Saturn Cycle 木土循環

K
197

Karmic Astrology 業力占星學 | Keplerian Aspect 克卜勒相位 | Kite 風箏 | Koch House System 科赫分宮法 | Kronos 克諾索司

L
199

Last Quarter Moon 最後象限月（下弦月）| Leading Planet 領導行星 | Leading Sign 領導星座 | Leo 獅子座 | Libra 天秤座 | Lilith 莉莉絲 | Local Mean Time 區域標準時間 | Local Space Chart 地方星圖 | Locomotive 火車頭型 | Longitude 經度 | Lord of a House 宮主星 | Luminary 發光體 | Luna 月亮 | Lunar- 月亮的 | Lunar Cycle 月亮週期 | Lunar Eclipse 月蝕 | Lunar Mansion（Lunar Zodiac）月亮黃

A.D.（Anno Domini）
西元

　　我們所使用的「西元年分」，在歐美世界簡寫作「A.D.」，事實上是拉丁文「Anno Domini」的簡寫。「Anno Domini」意思是耶穌基督的出生年。這個紀元方式，以西洋傳統當中所認定耶穌基督的出生年分作為紀元的開始，而在耶穌基督出生之前的年分計算則用「B.C.」作為代表，也就是「Before Christ」的縮字，意思是基督出生之前。

Acceleration
時間加速值

　　在繪製星盤，計算天頂與上升位置時，由於占星師採用以恆

星為測量天體座標的標準，而相同恆星每次回到相同地點上空的位置，所需時間為：23 小時 56 分 4 秒，這與我們一般一天 24 小時的常用時間有著近 4 分鐘的差異。為了將我們所記錄的出生時間換算成更精確的恆星時間，以便求得正確星體的所在位置，我們必須考慮這（恆星時間與一般時間）每天 4 分鐘的差異所造成的影響。於是，當我們在計算星圖時，每小時會增加 10 秒的時間加速值，每 6 分鐘則增加 1 秒的時間加速值。

Accidental dignity
偶然的尊貴

在傳統占星與卜卦占星中，行星有兩種尊貴的狀態，分別是必然的尊貴（Essential Dignity）與偶然的尊貴。其中，行星因其所在的宮位、相位、速度、順行與逆行等條件而獲得的力量，稱為偶然的尊貴。

Admetos
阿德密多司

在占星學中，阿德密多司是漢堡學派（Hamburg School）所使用的虛星（實際上不存在的星體）之一。其符號代表堅定不移、固執與狹隘的觀念，同時也與死亡有關。在希臘神話中，阿德密多司是一位希臘城邦的國王，在阿波羅（Apollo）來到人間執行一年的任務時，殷勤地款待阿波羅，因而獲得許多恩惠。

Affliction
受剋

　　在占星學中，當行星進入弱勢（Detriment）、失利（Fall）位置，或是當行星與其他行星形成強硬相位的對分相、四分相等時候，抑或是當行星的黃道位置與一些具有破壞特質的恆星合相時，都稱為受剋。

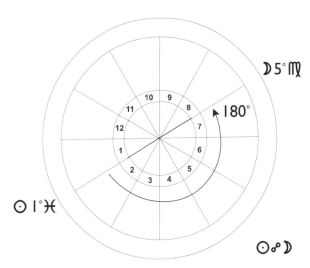

受剋範例：太陽與月亮呈對分相

Age
時代

　　「Age」一詞在占星學中有著特殊的定義，故以「時代」作為其中文翻譯，用來稱呼一個歲差移動大月的特性。相關內容請參考我們常聽到的水瓶時代（Age of Aquarius）、大月（Great Month），以及大年（Great Year）。

Age of Aquarius
水瓶時代

　　占星學認為春分點繞完黃道一圈為一個大年（Great Year），占星學便以春分點在天文學上的黃道位置劃分十二大月。大月（Great Month）可以影響整個時代精神，一個大月是 2160 年。春分點預計在西元 2369 年進入水瓶時代，但有占星師認為大月的影響前後 700 多年，因此認為水瓶時代的影響從西元 1762 年就開始了。

Air Element
風元素

　　鍊金術與西方神祕學認為，世界由風、火、水、土四大元素組成；四元素又有另外四個氣候性質（冷、熱、乾、濕）來搭配。風元素的性質是熱與濕，此一元素組成世界的觀念也存在於占星術的宇宙觀，進而與星座分類產生關聯；與風元素有關的，在黃道上為風相星座，在個人命盤上則有風相宮位。

Air Sign
風相星座

　　即黃道上三個與風元素有關的星座：雙子座、天秤座、水瓶座。占星學認為風相星座與智性的發展以及溝通思考有關，心理占星學家將其與榮格（Carl Gustav Jung）精神分析的四種類型當中的思考類型（Thinking Type）作連結。心理占星師認為，風相星座代表著三種不同的視野與溝通層面。雙子座的視野屬於個人的觀

A

察與傳遞訊息的媒介，將內在與外在的訊息作交換；天秤座的視野屬於二維的平面，點對點的觀察，而天秤所代表的溝通也是一對一的平等溝通；水瓶座的觀察則是屬於全面俯視的觀察，其溝通方式跳脫了時間與空間的限制。

Air House
風相宮位

　　指在個人星盤上與風相星座相對應的宮位，包括對應雙子座的第 3 宮、對應天秤座的第 7 宮與對應水瓶座第 11 宮，又稱作人際宮位（Relationship House）。在命盤上若行星集中於風相宮位，則具有類似風相星座的性質，例如強烈重視人際關係、互動與溝通；如風相宮位中沒有任何行星，且同時也沒有任何行星落於風相星座，則此人在溝通、思考以及人際關係上需要付出更多努力。

Almuten
勝利星

　　在傳統占星與卜卦占星中，會根據行星或宮首所在的黃道星座度數，去找出此度數不同程度守護的行星的影響力。星座守護行星給予 5 分，擢升守護行星給予 4 分，晝夜元素守護星給予 3 分，界守護的行星給予 2 分，面守護的行星則給予 1 分。將所有行星的分數加總起來，分數最高者即為勝利星。不過，許多時候勝利星也需要考慮是否落在與上升星座能夠產生傳統相位（同個星座、對面的星座、同元素的星座或同性質的星座）的星座。若此守護星落在無法與上升產生傳統相位的星座，則可能需要考慮分數次高的守護星。需要注意的是，不同占星師會使用不同版本的晝夜元素守護行星與界守護，所以計算結果有可能相當不同。例如在《基督教占星學》中，威廉・禮尼（William Lilly）使用的是托勒密版本的元素守護與界守護，但除此之外，傳統占星學中也有其他的元素列表。

Androgynous Planet
雙性行星

　　意指水星。過去，占星師們將行星或星座以陰陽性來區分，太陽、火星、木星、土星屬於陽性行星，月亮、金星則是陰性行星。而占星師認為，水星同時具有陽性與陰性的特質，處於媒介的地位，能夠溝通陰與陽，故稱水星為雙性行星。

Angle
軸點

　　在占星學上，軸點指的是星盤上的四個重要基本點：上升點（Ascendant）、下降點（Descendant）、天頂（Medium Coeli）、天底（Imum Coeli）。在出生圖當中，行星與四個軸點產生合相時稱為合軸星（Angular Planet），且會帶來明顯的個人特質。

Angular House
起始宮

　　星盤上起點位於上升點、下降點、天頂、天底這四個位置的宮位，分別是第 1、4、7、10 宮。傳統占星學認為，行星進入起始宮中具有強勢的影響力，又稱開創宮位、角宮或始宮。

Angular Planet（Angularity）
起始宮行星（合軸星）

　　指跟上升點、下降點、天頂、天底這四個位置前後 8 度產生合相的行星，有時也指在這四個角宮中的行星，又稱合軸星。起始宮行星在占星學的星盤判斷中，占有相當大的影響力。一般來說，若在上升、下降與天頂、天底軸線附近出現的起始宮行星，對人個性上的影響力，不會小於太陽、月亮在上升點或天頂所帶來的特質。

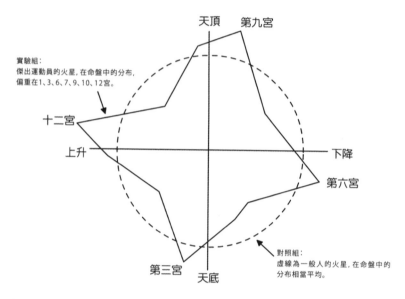

天頂　第九宮

實驗組：
傑出運動員的火星，在命盤中的分布，
偏重在1、3、6、7、9、10、12宮。

十二宮

上升　　　　　　　　　　　　　　　下降

第六宮

第三宮　天底

對照組：
虛線為一般人的火星，在命盤中的
分布相當平均。

Antiscia
映點

「Antiscia」一詞在拉丁文中有「影子」的意思；傳統占星上，映點暗示了一種行星之間暗中互相影響的關係。其根據是每天日照時間的長短，給予黃道上相對應的度數。夏至這天太陽位置在巨蟹0度，與夏至前一天太陽位於雙子座29度為對應的度數；而巨蟹座1度的映點則是雙子座28度。同樣的，冬至這天的太陽在摩羯座0度，其映點則為射手座29度，依此類推。每個黃道度數都有一個映點，而映點正對面的度數則稱為對分映點（Contra-antiscia）。

彼此為映點星座如下：巨蟹—雙子，獅子—金牛，處女—牡羊，天秤—雙魚，天蠍—水瓶，射手—摩羯。

映點星座

巨蟹—雙子	天秤—雙魚
獅子—金牛	天蠍—水瓶
處女—牡羊	射手—摩羯

Applying Aspect
入相位

　　當某一行星在移動中，正好進入另一顆行星即將要產生相位的容許值當中，就稱為入相位。例如：月亮在雙子座 1 度，太陽在射手座 9 度，月亮此時正好進入了與太陽對分相（180 度）的角距容許值 8 度當中，且月亮正慢慢與太陽拉近距離，形成正相位（容許度 0 度）。在傳統占星與卜卦占星學中，會將正相位考慮成正在發生的事情，入相位則暗示著未來將發生的事情，而出相位則被視為已經發生過的事情。

Aquarius
水瓶座（寶瓶座）

　　黃道上的第 11 個星座，基本定義包括「友誼」與「社群關係」，具有強烈的人道主義與改革精神。心理占星學派認為，水瓶座的改革特質，是一種超越自我的精神，帶有遠大的理想與目標，甚至代表一群人的共同目標。水瓶座的符號為波紋。在傳統占星學中，水瓶座歸土星所管；而現代的占星師則認為水瓶座應該由天王星管轄，所以土星與天王星都可視為水瓶座的守護星。

Arc
圓弧

占星學上，圓弧通常指稱行星運行於橢圓軌道中的某一段。例如太陽弧（Solar Arc）是指從地球位置觀測太陽在黃道上，1 天運行的一段距離，大約是 0.57 到 1.01 度左右。而以此距離應用的推運法則稱為「太陽弧正向推運法（Solar Arc Direction）」。詳細說明請參考同名詞條。

Archetype
原型

最早發明此一名詞的人為榮格，他定義原型為與生俱來的思考、行為的潛在模式，這些模式與神話或寓言故事中的角色情節有關，可以在許多時代、事件與人身上觀察到。原型廣泛地被心理占星學派所應用，例如：水星與小精靈或不願長大的孩童（小飛俠）這個原型有關聯。心理占星學大師麗茲・格林（Liz Greene）的許多作品，都涉及占星與原型的討論。

Apogee
行星遠地點

指一顆行星或星體在運行軌道上與地球距離最遠的「點」。在占星學上被應用得最廣泛的，就是黑月莉莉絲（Black Moon Lilith），指月亮軌道上距離地球最遠的行星遠地「點」，但事實上並沒有這個星體的存在。

Apollon
阿波羅星

　　阿波羅星是漢堡占星學派所使用的虛星之一，事實上此星體並不存在。阿波羅星意味著快速擴張與繁殖。阿波羅是希臘神話中真理、醫療之神，同時也是太陽神。在漢堡學派的定義中，真相、科學以及擴張、繁殖，都與此星有關。

Aries
牡羊座（白羊座）

　　黃道上的第 1 個星座，開創的火相星座，基本定義與自我、衝動、競爭、挑戰有關。心理占星學上，牡羊座與自我意識、優先、第一和競爭有著強烈的連結。在占星學上，牡羊座象徵符號為羊角，其守護星為火星。

Aries Point
牡羊點

　　近代占星師認為開創星座 0 度，是宇宙能源進入地球的柵口，而這四個點分別是牡羊座 0 度、巨蟹座 0 度、天秤座 0 度、摩羯座 0 度。當一個人的命盤中有行星落入這四個點時，該星因獲得強力的能量支援，將成為引領此人與外界互動的動力；若進一步發揮，甚至可以使其有令人矚目的表現。

Ascendant
上升點

黃道與東方地平線的交界，每 4 分鐘移動 1 度，大約每 2 小時換一個星座。現代占星學的定義中，上升點被視為自我的呈現，代表我們與外界互動時呈現的那一面，也影響我們如何與外界社會互動。心理占星學常將上升點與榮格的人格面具作比較。有時上升點又簡寫為「Asc」或「As」，但是若簡寫成「As」，很容易與小行星「Asteroid」的簡稱產生混淆。

Ascendant-Descendant Axis
上升軸線

指星盤上連接上升點與下降點的軸線。在占星學中，這條軸線上的行星具有強烈的個人特質表現，同時，這條軸線的星座也代表自我與他人間的互動模式。占星學中同樣重要的，還有天頂—天底軸線。參見詞條「Medium Coeli 天頂」

Ascendant Sign
上升星座

上升點所落入的黃道星座，稱作上升星座，英文也可稱為「Rising Sign」。觀測天象時，人們發現黃道上的十二個星座會一個接一個從東方地平線上冒出來；而占星師相信一個人出生時，從東方正要上升的星座會影響此人的命運與特質。在心理占星學當中，上升星座被視為我們與外界互動的模式，以及我們給外界的

A

人格印象，是一種社會化互動過程的演變。一個太陽在獅子座的人，很可能因為他的上升在巨蟹座而給人較為害羞的感覺。

Aspect
相位

行星與行星，或命盤上的上升點、基本點、特殊點之間形成特殊度數的角距，即為相位。常見的相位包括0度（合相）、30度（半六分相）、45度（半四分相）、60度（六分相）、90度（四分相）、120度（三分相）、135度（八分之三相）、150度（十二分之五相）、180度（對分相）等。

相位也有前後的容許誤差，稱為角距（Orb）。例如：雖然實際上月亮沒有和太陽相距0度，但在太陽的前後10度時，會被某些占星師視為合相（詳細內容參見詞條「Orb 角距容許度」）。過去，相位被分成主相位（合相、對分相、四分相、三分相、六分相）、次相位（半六分相、半四分相）等；又因好壞的主觀因素分成正相位（三分相、六分相與半六分相）與負相位（對分相、四分相與半四分相）；合相則因不好不壞，須視合相的行星而定。現代占星師傾向將相位的影響力道與模式，分成影響力道溫和且小的柔和相位（Soft Aspects），包括三分相與六分相，和影響力道激烈且大的強硬相位（Hard Aspects），包括合相、對分相、四分相、半四分相、八分之三與十二分之五相位（詳細說明請參考同名詞條）。

相位

柔和相位（Soft Aspects）	強硬相位（Hard Aspects）
三分相（120 度） 六分相（60 度）	合相（0 度） 對分相（180 度） 四分相（90 度） 半四分相（45 度） 八分之三相（135 度） 十二分之五相（150 度）

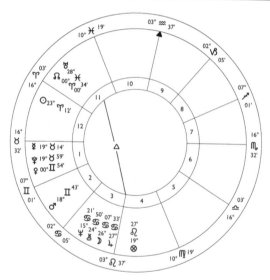

柔和相位範例：三分相

Aspect Grid
相位表

　　記錄星盤上行星與行星，或特殊點之間所產生相位的表格，即為相位表。占星師習慣使用相位表將行星間產生的相位記錄下來，作為解讀星盤時的依據，在占星學習與研究中具有輔助的功能。也有些占星師不使用相位表，而是將相位直接記錄於星盤上。

A

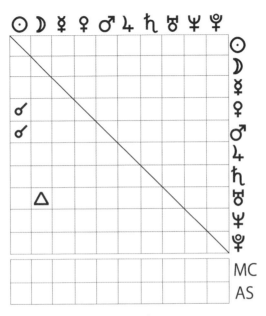

相位表示意圖

Aspect Pattern
圖形相位

　　由三顆以上的行星、命盤上的基本點或特殊點相互間的相位，稱為圖形相位。它們可能是兩組交會的對分相所組成的「大十字」，或是三個三分相所組成的「大三角」等。許多人受到傳統占星術的影響，常會將圖形相位視為某種命盤格局，但心理占星學認為，若深入分析組成圖形相位的行星與相位的意涵之後，這些圖形相位只是反映此命盤中錯綜複雜的互動機制。擁有大十字的人未必歹命，擁有大三角的人也不一定大富大貴。

Asteroid
小行星

小行星位於太陽系，圍繞著太陽運動但體積又不足以構成行星的條件。大多數小行星位於火星與木星間的小行星帶。占星學上常用的小行星有凱龍星（其為半人馬星體）、穀神星、灶神星、婚神星和智神星。對部分占星研究者來說，小行星充滿了未知與神奇的吸引力，而使人耗費許多時間在繁瑣的解釋中；但也有占星學家認為，小行星等星體的宮位、相位解釋往往一再重複，命盤上早已顯示了個人生命主題，故在研究小行星的宮位星座與相位同時，別忘了判斷該小行星對這個人的影響，是否早已出現在命盤當中。

Astro*Carto*Graphy（A*C*G）
占星地圖

為 20 世紀美國占星師金・路易斯（Jim Lewis）所發明的占星地圖技巧，利用天上星體與地球間投影的關係，製作出一張行星在某一時刻運行的軌道圖。此圖被廣泛應用在移民占星學技巧當中。

Astro-Economics
占星經濟學（財經占星學）

是一門研究天體循環與世俗循環的經濟運作有關的學問，又稱為「財經占星學」。早期占星家們似乎比較喜歡稱自己為占星經濟學，強調此門學問並非只關注財經預測，還有行星循環與地球上的生產力、經濟活動相關的研究。

Astro-Meteorology
氣候占星學

　　氣候占星學是運用占星技巧來預測氣候變化的一門學問。氣候占星學家尋找星體運行與自然災害、氣候變化的關聯。此學問通常包含在世俗占星學與占星經濟學的研究中，早期的氣候占星學便是奠基於占星經濟學與世俗占星學的研究基礎。

Autumnal Equinox
秋分點

　　當太陽通過回歸黃道上天秤座 0 度時，正好是一年中第 2 次日夜平分的時刻。因時值北半球秋天，而稱為秋分點。也有人認為，正由於太陽經過秋分點時晝夜平均，因此人們將這附近的星體連結起來，成為天秤座的圖案，象徵平分的晝夜。

Anti-Parallel
對立平行相位

　　對立平行相位與平行相位同屬於天球赤道相位（Declination Aspect，詳細說明請參考同名詞條）。對立平行相位的定義是，當某兩顆行星同時在天球座標上的南緯和北緯的相同度數運行時，就稱作對立平行相位。例如：當月亮運行在天球的北緯 6 度而火星運行在天球的南緯 6 度時，就形成了對立平行相位。類似於對分相，會帶來相對的互動關係。

阿拉伯點
Arabic Part（Arabic Point）

阿拉伯點（Arabic Part）在今日的占星學中已逐漸被遺忘。這門學問來自神祕主義的思想，打從托勒密（Claudius Ptolemaeus）之前就存在著。不過在近代，由於許多占星學家們急著想要變成科學家，而把這門有趣的思想給打入冷宮，以至於在今天除了幸運點之外，我們很少在出生圖上看到其他的阿拉伯點。

1 阿拉伯點的來源

阿拉伯點事實上並不是由阿拉伯人發明的，不過阿拉伯人確實對這門學問做出很大的貢獻。從占星術的歷史中我們了解到，若非阿拉伯人在歐洲的黑暗時期保存了古典時代的占星典籍，今天我們想學占星術，可能得去學印度占星術或是中國果老星宗。

阿拉伯人將他們的宗教與神祕學思想，融入了占星學當中，所以特別重視這些具有神奇效應的虛設點。阿拉伯占星家阿布馬謝（Abu Ma'shar）將阿拉伯點整理出大約兩百多個點，代表著不同的事情，例如：婚姻、死亡、灌溉、旅行、航行等。不過這些點到今日只剩下不到一百個，最常用的只剩四個，分別是幸運點、婚姻點、疾病點、死亡點。

2 阿拉伯點的定義

　　這些點都不是實際的星體，他們藉由行星間的度數加減而取得位置。你一定很好奇，為什麼行星間的度數可以這樣加減呢？根據占星師們的研究，兩顆對同一事件相關聯的行星，它們之間的距離可以從一個相關的宮位或某個特殊點來投射。例如：幸運點（Part of Fortune，詳細說明請參考同名詞條）是一個觀察人類身心靈的點，與精神、肉體、有形與無形的價值有關。這時就要計算太陽和月亮間的距離，並從上升星座來投影。有些阿拉伯點對白天出生與晚上出生有不同的計算方式，那是因為傳統占星學中，不同星座或宮位於白天、夜晚有著不同的守護行星。例如：太陽是白天最強勢的星體，所以在計算白天出生的人的幸運點時，會計算從太陽出發到月亮的距離，再將這一段距離的度數從上升星座開始投射，以求出這個在命盤中對人影響重要的點。因此形成了如下的算式：

幸運點＝
上升的絕對經度＋月亮的絕對經度－太陽的絕對經度

　　相反的，因為月亮是夜晚的強勢星體，對於太陽下山後出生的人來說，受到月亮的影響比較明顯，於是夜晚出生者的幸運點計算方式，就是計算月亮出發到太陽的距離，再將這段距離從上升星座開始投射，即可找到幸運點。這個點因以月亮為主，又被稱為精神點，其算式如下：

精神點（夜晚出生的幸運點）＝

上升點的絕對經度＋太陽的絕對經度－月亮的絕對經度

3 阿拉伯點的解讀方式

　　阿拉伯點的解讀方法其實相當簡單。我們判斷一個點的好壞，從其落入的星座是否符合該點的性質，以及該點是否與其相關的行星或相關宮位的守護星產生吉相位。例如：婚姻點落入天秤座算是較好的位置，若落入牡羊座則似乎差了一些；再來觀察婚姻點是否與日、月、金星、木星、第 7 宮守護星有吉相位，若沒有則較差，但也好過與凶星產生凶相位。

　　目前常見的阿拉伯點應用有兩種，一是在流年的應用，特別注意流年中是否有凶星與幸運點、宿命點、精神點、死亡點，產生了對分相或四分相，提醒我們注意災害與不測的發生。許多案例顯示，當火星、天王星、冥王星嚴重地衝突著幸運點的流年時，常常暗示著災難的發生。阿拉伯點的第 2 種應用是在擇日占星學。若你要選擇結婚日期，就可以選擇在有日、月、吉星與婚姻點產生吉相位的時刻；如果你想要展開生意，則可選擇吉星與生意點所產生吉相位的時刻。

　　阿拉伯點的研究蘊含了古老的占星知識，首先你必須了解每個星座的強弱、性質與吉凶，還有每個宮位的特殊定義與在傳統占星學中的吉凶，以及每個行星、相位的吉凶。雖然今日，有部分占星學家加入了現代占星觀念來看待阿拉伯點，卻仍屬少數。

畢竟會使用阿拉伯點的占星師，多半是應用於卜卦占星學與擇日占星學的範疇中。

4 阿拉伯點的計算方式

阿拉伯點的計算方式，需要將所有計算的星體或宮位的起始點，換算成黃道上的絕對度數（0～360度），始可進行計算。例如：某人的上升點在獅子座5度，月亮在牡羊座12度，太陽在雙魚座6度，其幸運點就是：上升點＋月亮絕對經度（若小於太陽的絕對經度則再加上360）－太陽絕對經度。

（1）找出上升點在獅子座5度，絕對經度＝125度
（2）找出月亮在牡羊座12度，絕對經度＝12度
（3）上升點的絕對經度＋月亮的絕對經度＝137度
（4）找出太陽在雙魚座6度的絕對經度＝336度
（5）用（上升＋月亮的絕對經度）－太陽的絕對經度
（6）發現137度不足以減去336，所以先＋360度
    137 ＋ 360 ＝ 497；497 － 336 ＝ 161度
（7）最後，從對照表找出最接近且小於此數字的星座，是處女座的150度。所以幸運點即為處女座，其度數為161－150＝11，得知幸運點在處女座11度。

絕對黃經對照表

星座名稱	絕對度數	星座名稱	絕對度數
牡羊座	0	天秤座	180
金牛座	30	天蠍座	210
雙子座	60	射手座	240
巨蟹座	90	摩羯座	270
獅子座	120	水瓶座	300
處女座	150	雙魚座	330

5 其他阿拉伯點

◇ 依照太陽為上升點，還可尋找到的阿拉伯點包括：幸運點、商業點、愛情點、激情點、拓展點、宿命點（災害點）。可以利用下面的算式來計算，並依前述的方式解讀。

幸運點（白天出生者）＝上升點＋月亮絕對經度（若小於太陽絕對經度則再加上 360）－太陽絕對經度。

商業點＝上升點＋水星絕對經度－太陽絕對經度

愛情點＝上升點－金星絕對經度－太陽絕對經度

激情點（激動點）＝上升點＋火星絕對經度－太陽絕對經度

拓展點＝上升點＋木星絕對經度－太陽絕對經度

宿命點＝上升點＋土星絕對經度－太陽絕對經度

◇ 若以月亮所在的點為上升點時，除可以當作上升點來尋找

月亮的位置外，還可以反過來以月亮為上升來尋找其他行星的位置，特別是精神點被當作夜晚出生者的幸運點。

精神點（夜晚出生者的幸運點）＝上升點＋太陽絕對經度
－月亮絕對經度

信仰點＝上升點＋水星絕對經度－月亮絕對經度

男孩點＝上升點＋金星絕對經度－月亮絕對經度

女孩點＝上升點＋木星絕對經度－月亮絕對經度

買賣點＝上升點＋幸運點－精神點（同樣可依上述方法，在不足減掉度數時加上 360 度）

◇ 若以水星所在的點為上升點時，可以找到服務點、了解點。

服務點（僕人點）＝上升點＋月亮絕對經度－水星絕對經度

了解點＝上升點＋火星絕對經度－水星絕對經度

◇ 以金星為上升點可以找到如下：

母親與朋友點＝上升點＋月亮絕對經度－金星絕對經度

農耕點＝上升點＋土星絕對經度－金星絕對經度

◇ 以火星為上升點可以找到如下：

遊戲點＝上升點＋金星絕對經度－火星絕對經度

爭吵點＝上升點＋木星絕對經度－火星絕對經度

◇ 以土星為上升點可以找到：

父親點＝上升點＋太陽絕對經度－土星絕對經度

繼承點（財產點）＝上升點＋月亮絕對經度－土星絕對經度

疾病點＝上升點＋火星絕對經度－土星絕對經度

兄弟姊妹點＝上升點＋木星絕對經度－土星絕對經度

水上旅行點＝上升點＋巨蟹座 15 度－土星絕對經度

◇ 其他還包括：

死亡點＝上升點＋第 8 宮起始點－月亮絕對經度

同伴點（白天出生）＝上升點＋木星絕對經度－土星絕對經度

同伴點（晚上出生）＝上升點＋土星絕對經度－木星絕對經度

婚姻點＝上升點＋第 7 宮起始位置－金星絕對經度

離婚點＝上升點＋金星絕對經度－第 7 宮的起始位置

A

占星家語錄

「每個人的心靈中，都有一個更高層的自我在引導著。當前來求助的人產生疑問時，就是他與更高層的自我失去了聯繫。而占星師的工作並不是幫對方解決問題，而是藉由星圖的指引，來引導求助者再次和高層的自我溝通。」

——心理占星學大師　梅蘭妮·瑞哈特（Melanie Reinhart）

Barren
貧瘠的

　　「Barren」一詞有「貧瘠」的意思。傳統占星學認為，南交點與土星有限制與不幸等相似的意涵，故稱南交點為「Barren Node」。同時，傳統占星學也主張進入第 5 宮與第 11 宮的太陽、火星、土星、天王星為不孕行星，認為它們在這樣的位置對於生育狀況或孩童成長有負面影響，於是稱其為貧瘠行星（Barren Planets）。此外，傳統上若一個人的上升點或第 5 宮位於雙子、獅子、處女座，也會容易造成少子與不孕，由此稱呼雙子、獅子、處女這三個星座為貧瘠星座（Barren Sign）。

Balsamic Moon
香脂月（消散月相）

　　月亮與太陽 315 ～ 360 度的時刻距角，正好介於新月之前月光消散的時刻。在占星學中，這樣的時刻被視為適合結束舊的事物，以利未來展開新的循環。出生圖當中，如果月亮與太陽的距離正好處於消散月相，暗示此人這一世的人生體驗為學習放下與忘卻過去的事。

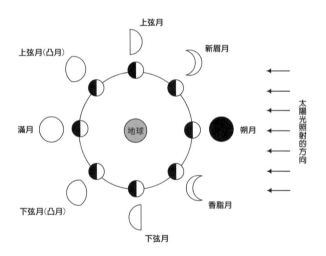

Beholding
互視（互相看見）

　　在傳統占星學上，互視是兩個行星位在能夠產生傳統相位的星座上，或者在能產生映點的星座上。若行星所處的星座間能夠互視，將代表彼此間能夠互動或者有協定；若不能互視，表示兩行星之間不能產生互動。

每一星座不會產生互視的星座

牡羊	金牛、天蠍	天秤	天蠍、金牛
金牛	牡羊、雙子、天秤、射手	天蠍	天秤、射手、牡羊、雙子
雙子	金牛、天蠍	射手	天蠍、金牛
巨蟹	獅子、水瓶	摩羯	獅子、水瓶
獅子	巨蟹、處女、摩羯、雙魚	水瓶	摩羯、雙魚、處女、巨蟹
處女	獅子、水瓶	雙魚	獅子、水瓶

Benefic
吉相

　　傳統占星學中將行星分為吉星、凶星與吉相位、凶相位。吉相這個詞包含了吉星與吉相位。行星與行星或基本點、特殊點之間，若形成三分相或六分相則被視為吉相位，而木星與金星為吉星；同時被視作吉星的還包括太陽、月亮與北交點。這個觀念在時辰占卜占星學中仍被遵守著，但現代的占星師認為行星與相位並無吉凶之分。

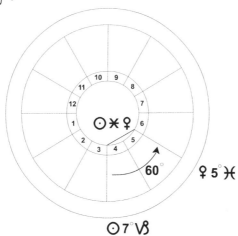

吉相範例：六分相

Besiege
包圍

傳統占星學認為，當一顆行星被兩顆凶星（火星、土星、南交點、弱勢行星）一前一後包圍時，此行星便處於不利的位置，稱為包圍。包圍可以是一個星座的前後都是凶星，或者前一個相位與下一個相位都是凶星。若被包圍的行星代表被詢問的對象或是某個人，則表示此人正處於危險的威脅當中。雖然這個觀念在今日占星學中已很少被提起，但其在時辰占卜占星學中仍被遵守著。

Bestial Sign
獸類星座

獸類星座即黃道十二星座中具有動物型態星座：牡羊、金牛、巨蟹、獅子、天蠍、摩羯、雙魚。與形象為人的雙子、處女、水瓶的人類星座相互對應。一般認為，獸類星座的動物性與原始的慾望、情感較為強烈。

Bi-
雙倍相位

如果你看到某個相位的英文前面出現「bi」，表示它是某個相位的 2 倍。例如：五分相的距角為 72 度，倍五分相的距角就是 72x2=144 度。在占星當中，「Bi-Quintile」倍五分相與「Bi-Septile」倍七分相較為常見，但由於今日占星師多不使用「Septile」與「Bi-

B

Septile」，在此便不多作討論，僅討論倍五分相「Bi-Quintile」。當兩個行星之間形成了 144 度則為倍五分相，其定義與藝術創意有關。許多占星師認為，五分相與倍五分相需要長時間的生命歷程，來發展這樣的藝術創造力。

Bicorporal Sign
二元性星座

　　黃道上具有二元性定義的星座，包括雙子座（兩個人）、射手座（半人半馬）、雙魚座（兩條魚）。托勒密將處女座也歸為二元性星座，一般認為是來自古老的處女座形象——正義女神，一手握著一個小孩。

Birth Chart
出生圖

　　依據一個人出生的時間、地點所繪製的星盤，即為出生圖，也被稱作命盤，英文又稱「Natal Chart」。占星師認為出生時刻的星盤，記錄著出生時該地上方天空的星體位置，這些星體位置對人的命運與性格有著明顯的關聯。不同的占星哲學觀，會使占星師對命盤產生不同的看法。傳統的占星師認為，出生圖決定了一個人的命運與格局；心理占星師與人文占星師則認為出生圖可以解讀一個人的個性，將其視為一個人的生命藍圖，得以從中找出其發展潛能。

Birth Data
出生資料

　　也就是繪製出生圖所需要的個人出生年、月、日、時間、地點等資料。出生資料的周全與否，關係到星圖的準確度。在台灣，由於受到中國命理僅使用時辰的影響，往往導致星盤繪製時無法求得正確的出生時間。這時就會需要校正星圖，來找出正確出生時刻的上升與天頂位置。

Birth Star
出生恆星

　　使用恆星的占星師們，會將一個人命盤中與基本點或行星點有接觸的恆星，視為出生恆星。他們認為，這些被行星或基本點、特殊點接近的恆星，對個人會產生重要的影響力。目前的占星學中，恆星的使用並不廣泛，但出生恆星的研究，往往會帶出驚人的星盤解釋。

Birthplace System
出生地分宮法

　　又稱為「科赫分宮法」（Koch House System），是由 19 世紀德國占星師華特・科赫博士（Dr. Walter Koch）所創，和普拉西度宮位制（Placidus House System）的相似處，是它們都結合了時間與地點的分宮制，但科赫分宮法是將出生時的天頂沿著白晝的黃道運行，逆推回上升星座的時間，從中訂出第 11 宮與第 12 宮的位

置。這種分宮法結合了出生地縱座標的計算，算是僅次於普拉西度制，另一個滿流行的分宮制。許多北美、德國的占星師喜歡使用科赫分宮法。而科赫分宮法中，天頂所代表的自我人格也顯得格外重要，但只適用於緯度低於 60 度的地區。

Black Moon Lilith
黑月莉莉絲

參見詞條「Apogee 行星遠地點」。

Bowl
碗型出生圖

美國占星學家馬克・艾德蒙・瓊斯（Marc Edmund Jones）依據出生圖上行星的排列方式，歸納出了幾種類型。碗型出生圖，指所有行星都集中於 180 度內。一般認為這樣的人傾向自給自足，是經驗主義者，並與處女、天蠍座有關聯。

Broken
破出

　　由於星盤上的行星為逆時鐘運行，當行星冒出下降點時被稱為破出。傳統占星學認為這樣的行星具有強烈的影響力，因為此位置象徵行星正好要衝出地平線嶄露頭角，發揮它的影響力，但破出的概念在現代占星學中並不被重視。

Bucket
提桶型出生圖

　　瓊斯圖形之一，出生圖上絕大部分的行星位於 180 度的半圓中，只有 1 顆行星落在另一個半圓。此顆行星被視為把手，是引導個人前進的目標。這樣的人容易將畢生精力投注在這顆行星所落在的宮位，與該行星相關的事件上。一般認為，該類型與射手座有關。

Bundle
集團型出生圖

　　瓊斯圖形之一，出生圖上所有行星都集中於 120 度的範圍
內，形成一個小集團，導致命盤中有三分之二的星座與宮位處於
空白狀態。根據研究，這種人的生活形態容易專注在某個層面。
一般認為，這個類型與摩羯座、巨蟹座有關。

占星歷史

占星與巨石陣的關係

在距離倫敦約 2 個小時車程遠的索爾斯堡,有一個極為著名的巨石陣。巨石陣以兩個同心圓的方式排列,在巨石的外圍有五十六個坑洞所排成的圓,以及一塊被稱為腳跟石(Heel Stone)的石頭。經過科學鑑定,巨石陣的建立年代大約始於西元前 3000 年,而整個巨石陣約於西元前 1000 多年完成。從歐陸渡海來到英格蘭的大杯族(Beaker)建立了巨石陣,他們可以算是早期的賽爾特(Celtic)人。根據研究指出,巨石陣並非一開始就計畫好的完整系統。

——摘錄自《占星全書》

C

Cadent
降宮

　　即命盤上第 3、6、9、12 宮，也有人稱為「果宮」；與黃道上的變動星座相對應，所以又稱作「變動宮位」。在拉丁文中，「Cadent」有墜落、失去的意思。傳統占星師認為這些宮位的影響力較小，但根據法國占星學家高葛林（Michel Gauquelin）的研究並非如此，甚至當行星在果宮上且靠近四個基本點時，常有驚人的影響力。

Campanus House System
坎式分宮法（坎普士分宮法）

　　13 世紀占星師喬凡尼（Giovanni di Campani）所創立的分宮

法，又稱「Campanean System」。他的計算方式是將包含東方地平
面到天頂的「主垂圈」（Prime Vertical）劃分成十二等分，再以南
北極平於赤道為軸心，投影到黃道上。但這種計算方式很快就被
穆勒（Johannes Muller）所改變，成為著名的芮久蒙塔努司宮位
制（Regiomontanus House System），又稱「芮氏分宮法」（詳細說
明參見同名詞條）。

Cancer
巨蟹座　♋

　　黃道上的第四個星座，開創的水相星座，基本定義包括家
庭、母親及飲食。心理占星學認為巨蟹座與安全感需求有關，強
調自我情緒表現，同時也象徵養育及被養育的互動。在占星學的
符號上，巨蟹座的符號是蟹鉗的縮影，也有人解釋為母親的乳
房。巨蟹座的守護星為月亮。

Capricorn
摩羯座（山羊座）　♑

　　黃道上的第十個星座，又稱山羊座，開創的土相星座，基本
定義包括實際、嚴肅、追求成就等。從心理占星的角度來看，象
徵自我在眾人面前的呈現、組織架構，重視實際執行、成就與社
會地位。在占星學符號上，摩羯座符號代表羊頭魚身，守護星則
是土星。

Cardinal Cross（Grand）
開創大十字

當行星在四個開創星座形成交會的大十字圖形相位時，稱為
開創大十字。擁有開創十字的人對於追尋自我相當敏感，因為他
們同時希望表現自我（白羊座），又希望他人能夠照顧到他的情緒
需求（巨蟹座），同時希望與他人保持互動（天秤座），又希望能
夠受到社會大眾的認同（摩羯座），因而分身乏術。此外，也有占
星師用「Cardinal Cross」統稱四個開創星座，而非指開創大十字。

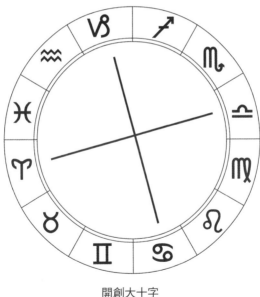

開創大十字

Cardinal Sign
開創星座（基本星座、本位星座）

　　黃道上與太陽經過春分點、夏至點、秋分點、冬至點為起點的行星，分別是牡羊座、巨蟹座、天秤座、摩羯座四個星座。因正處於季節的開始，所以又稱開創星座（又有人稱基本宮、基本星座或本位星座）。從心理占星的特質來看，這四個星座對自我的關注多過他人，所以稱其為本位星座相當貼切。對占星學不夠了解的人可能會感到疑惑，巨蟹與天秤對人付出的態度，為何會聯想到關注自我？事實上，巨蟹對自身情緒與內心感受十分敏感；而天秤則以主動付出的方式，來期待他人認同。兩者的態度都算自我關注的表現。

Cazimi
日心

　　傳統占星中，當一顆行星與太陽在天球座標的經緯度相距 0 度 17 分之間，並產生合相時，被視為該行星獲得太陽力量的支持。這個規則在時辰占卜占星學當中仍被應用。「Cazimi」一詞來自於阿拉伯文，原意為「心臟」。

Celestial Body
天球的星體

　　在占星學上，統稱行星、恆星、小行星等實際星體，目的是要涵蓋占星學上天體中的星體。無論是恆星、行星、衛星、小

行星等，都可以用「Celestial Body」來稱呼，避免以「Star」或
「Planet」稱呼，而忽略了其他星體在占星術中的影響力。

Celestial Equator
天球赤道

在占星學的座標系統中，用來測量天球緯度的標準。事實
上，天球赤道是地球赤道在天球上的投射，如同一個龐大的圓圈
繞過天球中間。從天球赤道到天球南北極的距離是相等的，測量
時也和地球的座標測量一樣，稱為南緯和北緯。

Celestial Latitude
黃緯

天球座標系統的緯度，由天球赤道起為 0 度，一直到天球南
北極為 90 度。如同地球座標的緯度計算，人們也用天球的南、北
緯來標示星體位置。黃經同為天球座標系統，標示星體在黃道上
的位置。星體的天球緯度觀測在占星學曾被重視過，後來逐漸沒
落，直到近年又再度有占星學家對天球緯度開啟新的研究。

Celestial Longitude
黃經

天球座標系統的經度。由牡羊座起為 0 度，一直到雙魚座的
最後 1 度為 359 度。與黃緯搭配以標示星體的位置。藉由黃經與
黃緯的座標，我們可以得知星體運行的確切位置，記錄在星圖上

並做出解釋。

Celestial Sphere
天球

　　天球為一個想像的球體，包裹著地球，並以地球為中心，南北兩個端點分別是天球的南北極，又稱天極（Celestial Poles）。從地球的視角來看，所有星體都包含在其中，它們的位置則以黃經與黃緯來表示。

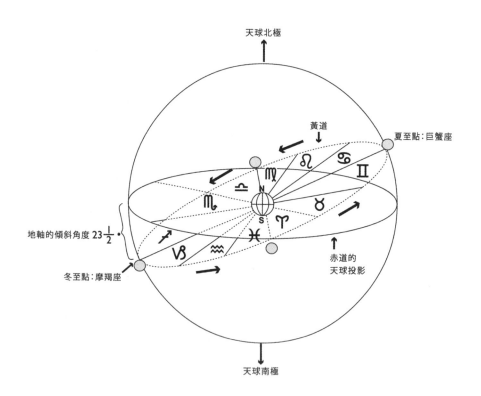

Centaurus
半人馬星體

　　半人馬是希臘神話中的幻想生物，但在天文學中，有些介於小行星與慧星的星體，就會以半人馬的名字稱呼。最常被占星家所應用的如：凱龍星（Chiron）、佛魯斯星（Pholus）等，其中又以凱龍星最被重視。占星師認為它與人們的靈魂傷痛和自我治療過程有著緊密的連結。其他的半人馬星體在占星學的意義，陸續也有許多占星學家投入研究。

C

穀神星
Ceres

穀神星體在西元 1801 年被義大利人發現，他是目前小行星帶當中最大的星體。穀神星來自羅馬神話當中的瑟雷絲（Ceres），也就是掌管作物收成的農業女神，我們在處女座的神話中聽過她的故事。穀神星坐落的星座代表著我們是如何被養育長大的，以及我們將會如何養育或照顧他人，而所在的宮位則表示母性本能的顯現。

1 穀神星所在的星座

穀神星在牡羊座

會透過實際行動與嘗試的教育方式，來獲得成長的養分。這樣的人藉由親身體驗來了解生活中的許多事情，他們也會督促他們的子女去嘗試任何事情。

穀神星在金牛座

穀神星在金牛座的人透過接觸、觀察等感官行為來探索世界。他們也被教育要重視物質，並以事物是否存在為判斷標準。

穀神星在雙子座

　　這些人透過知性的交流、朋友的互動、溝通、聽說讀寫來成長。他們不斷與身邊的人交換自己得到的資訊，也會鼓勵他們的子女這麼做。

穀神星在巨蟹座

　　這些人在母親的保護下成長，使得他們不斷透過保護他人與被保護的觀念在成長。當身邊沒有人或是飢餓時，特別容易讓這些人感到不安。

穀神星在獅子座

　　這些人的成長過程需要許多掌聲，他們總是被注意著。成長於這種環境的人多半顯得有些自我中心。他們也會這樣去鼓勵他們的子女，卻要求子女以他為中心。

穀神星在處女座

　　一分耕耘一分收穫，還有許多座右銘和嚴格要求伴隨著這些人成長。「天下沒有不勞而獲」被灌輸在他們的思想當中。他們會去批評、督促那些不夠努力的人事物，包括他們的孩子。

穀神星在天秤座

　　這些人被灌輸要注重生活與藝術上的美感。他們總被要求去注意他人的需求，注意環境是否舒適。這種環境下成長的人，也

會教導孩子要有禮貌、注重生活的舒適與美感。

穀神星在天蠍座

　　無論他們的父母是不是故意的，這些孩子總有機會在很早就接觸到性或死亡。對於這類事情的好奇，成為他們成長過程中最重要的一件事，他們也不排斥和子女提早討論性愛與死亡。

穀神星在射手座

　　穀神星在射手座的人被灌輸知識至上的觀念。他們從小就被訓練得相當有探索與研究精神，對於世界上有形無形的事物感到好奇，也會鼓勵子女這麼做。

穀神星在摩羯座

　　他們的童年生活多半是一連串的「不准」、「不可以」組合起來的。父母習慣用最簡單的權威控制，使他們也傾向用這種最簡單的方法來對待子女。

穀神星在水瓶座

　　他們的成長經驗可能相當特殊，充滿了驚奇與意外，甚至容易感到孤獨與被遺棄。不過很快的，他們就懂得如何走出自己的路，學會獨立，卻不知如何和他人在親密關係中共存。

穀神星在雙魚座

穀神星在雙魚座帶來了慈悲與愛的教養方式。他的母親、長輩或許教導他要如何去愛其他人,去關心其他人,最常用的方式是透過宗教思想。雖然他們也相當敏感脆弱,但他們同樣會用無限的關懷來養育子女。

2 穀神星所在的宮位

穀神星在第 1 宮

穀神星在第 1 宮,會將其母性本能與照顧人的天賦,融合在自己的身上。擁有這樣位置的人有教育或照顧他人的傾向,而所在的星座則顯示他如何表現這樣的關愛。

穀神星在第 2 宮

就如同月亮在金牛座一樣,不夠的銀行存款和沒有填滿的冰箱會讓這些人抓狂。他們需要這些事物來滿足安全感,但他們也樂於替他們的子女安排富足的生活。

穀神星在第 3 宮

穀神星在第 3 宮傾向於知識的教育。他們重視精神上的學習與成長,也會毫不吝嗇地和身邊的人分享知識,就如同母鳥哺育小鳥一般。

穀神星在第 4 宮

這些人傾向照顧自己的家人。他們有時會顯得有些排外，對於不認識的人，他們無法分享自己所擁有的食物與一切。

穀神星在第 5 宮

他們認為許多事情不止要養還要育，孩子的教育問題和心靈成長是他們所關注的。他們傾向給小孩一個更愉快、更有創意的成長空間。

穀神星在第 6 宮

就如同處女座一樣，這些人對自我的要求相當嚴格，但和他們一起工作的人容易被他們關心照顧。他們也藉由工作來指導他人，並樂於分享工作上的經驗。

穀神星在第 7 宮

一開始，這樣的人與他的伴侶有著完全依賴或者完全被依賴的傾向。他們要了解到事物必須有互動，給予和接受都是必要的，最後才能達到平衡的互動關係。

穀神星在第 8 宮

這些人擅長吸取他人的資源，特別是利用他人的物質來達到自我成長的目的。有時會被人視為喜歡利用別人的自私鬼。這些人對性愛和神祕事物也有特別多的需求。

穀神星在第 9 宮

精神上的成長是這些人生活中的重點，他們不斷透過吸收他人的智慧而成長。他們喜歡研究宗教哲學和出門去旅行，透過這些互動讓他們感覺到成長茁壯。

穀神星在第 10 宮

這些人能夠吸引長者的照顧；相反的，其他想要被此人照顧的人也會被吸引過來。穀神星在接近天頂的位置就有這樣的能力，這些人總是將他人看成小孩一樣需要照顧。

穀神星在第 11 宮

受到第 11 宮的影響，這些人特別喜歡灌輸他人人道主義的精神。人與人之間必須互助合作，而他們也會不斷參加類似的團體來幫助自己成長。

穀神星在第 12 宮

穀神星在第 12 宮的人特別需要吸取浪漫的養分。他們不斷陶冶自己的美感與精神生活，也不會吝於幫助他人。事實上，對於貧困世界的體驗正是真正幫助他們成長的關鍵。

Chaldean Order
迦勒底秩序

　　希臘時代的宇宙觀，做為星體之間運動並以星體與地球之間的假想距離為基準，從近到遠分別是月亮、水星、金星、太陽、火星、木星、土星。這個秩序也間接地影響到中世紀占星學裡頭一些吉凶的判斷。

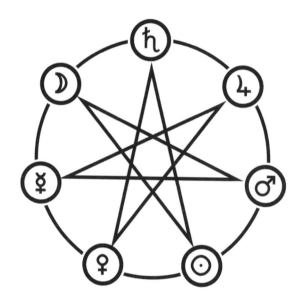

Changeable Sign
變化性質星座

　　傳統占星學認為，有六個星座會因他們在天上的天體位置（例如：在天頂或下降天底等不同位置）而改變性質，這六個星座分別是金牛、雙子、獅子、處女、射手及摩羯。要注意的是，這

與我們習慣稱的變動星座不同，變動星座的英文名為「Mutable Signs」。

Chart
星圖

　　星圖標示著星體和其在黃道上的座標，以及相互間的角度關係。

Chart Ruler
星盤守護星

　　上升點所在星座的守護星，就是一張星盤的守護星，又稱命主星。在占星學中，星盤的守護星往往是太陽與月亮之外，另一個代表此人的象徵。星盤守護星坐落的星座、宮位，以及與其他行星的相位，也會對此人的性格與命運產生某種程度的影響。

Chart System
星圖系統

　　星圖有許多繪製方式。在過去，星圖的繪製如同中式算命的紫微斗數命盤一樣，是方形的；今日占星師習慣使用圓形的星圖。

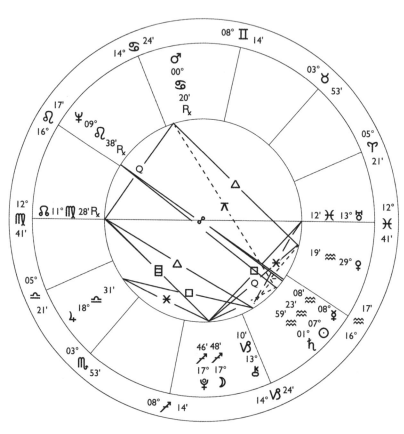

星圖範例

Chiron
凱龍星

凱龍星是位於土星與天王星之間的半人馬星體，於西元 1977 年被發現後，開始被占星師廣泛應用。凱龍星被認為與傷痛、醫療有關。土星代表限制、業力干擾我們之處，天王星代表改革；而凱龍星的軌道穿越了土星與天王星，正好符合凱龍星的解釋——它來回於限制與改革之間，幫助我們不斷成長，並提醒我們靈魂傷痛所在的位置，建議我們該如何面對。

Choleric
黃膽性

屬於傳統占星學與歐洲傳統醫學觀點中的四種體液性質之一，與火元素有關。 詳細資訊參見詞條「Temperament 脾性」。

Cold
冷

傳統占星學將行星與星座分成冷、熱與乾、濕四種性質。屬於冷的星座包括水相星座的巨蟹座、天蠍座、雙魚座，以及土相星座中的金牛座、處女座、摩羯座。這六個星座會因同時具有冷的特質而相通；相反的，他們跟擁有熱的特質的風相和火相星座不合。另外，土星與月亮都具有冷行星的特質。這樣的性質觀念，如今只有在學習時辰占卜占星學當中才應用得到。

Combust（Combustion）
燃燒

在傳統占星學中，凡行星與太陽接近 8 度之間便稱為「燃燒」。行星的效力相對減弱，並且是不吉利的象徵。這個規則在時辰占卜占星學當中仍被遵守著。

Comet
彗星

彗星在傳統占星學中被視為凶星，又叫作掃把星。彗星的尾巴被認為帶有毒氣，且會招來厄運。今日占星學認為彗星往往會帶來令人震驚的狀況，出現卻不一定是凶兆。在占星學中，彗星的研究可以觀察彗星所出現的黃道座標，作為判讀的依據。

Composite Chart
中點組合盤

將兩張或以上的星圖，運用漢堡學派的中點技巧，找出這些星圖中的行星與基本點的中點。例如：A 的火星在牡羊座 10 度而 B 的火星在巨蟹座 10 度，在中點組合圖上，兩人火星的中點就會落入金牛座 10 度（位於兩者火星的中點）。以這樣的方法重新繪製出一張星圖，可以觀察兩人關係或團體的運作方式，以及兩人或團體的目標給人的觀感與行動模式。關於中點組合盤的應用，在我跟 Jupiter 老師合著的《高階占星技巧》中有詳盡的介紹。

Conjunction
合相

　　當行星與行星或基本點之間相聚 0 到 8 度左右，稱為合相。許多占星初學者常誤以為合相是一種吉相，事實上從古至今，合相在占星學中並不全然是指好的相位。在傳統占星學中，與火星、土星、南月交點的合相都屬於凶相；而與金星、木星的合相則可視為吉相。而今日的占星學認為，產生合相的行星性質會交互影響。例如：金星與土星合相時，土星會約束金星的歡愉，而金星會柔和土星的嚴肅。

Contra-Antiscia
分映點

　　參見詞條「Antiscia 映點」。

Contra-parallel Aspect
對立平行相位

　　參見詞條「Declination Aspect 赤緯相位」。

Co-Ruler
共同守護星

　　又稱為「Joint Ruler」。在現代行星被發現之後，傳統上除了太陽之外，每個行星守護兩個星座的關係開始出現變化。占星師們將這些新發現的現代行星，列入星座的守護星行列當中。有些占

星師同時使用傳統守護觀念與現代守護觀念，並將這些共同守護
的行星稱為共同守護星。天王星與土星為水瓶座的共同守護，海
王星與木星為雙魚座的共同守護，冥王星與火星為天蠍座的共同
守護。也有些占星師將小行星列入共同守護的行列，但並沒有定
論，例如：凱龍星。有占星師認為它和水星共同守護處女座，也
有占星師認為凱龍星和木星共同守護射手座。

Cosmobiology
宇宙生物學

由奧地利占星師費豪（Dr. Friedrich Feerhow）所創造的名詞，
認為宇宙間的生物都受宇宙中的星體所影響。此名詞後來被漢堡
占星學派廣泛應用，成為漢堡占星學派的專用名詞。

Crescent Moon
新月

月亮與太陽的角度介於 45 ～ 90 度之間，象徵新生活，或事
件循環、開始的第 1 個發展階段。出生圖上有新月的人是來探索
世界的。他們的適應力強，但對事物的看法更為主觀，有時會造
成內在情緒的衝突。

Cupido ♃♀
丘比特

羅馬神話中的愛神，又稱作「Eros」。它是漢堡占星學派所使

用的虛星之一。事實上，「Cupido」這個星體並不存在，也僅有漢堡占星學派的占星師使用。它象徵著群體關係、婚姻關係和家庭關係，我們可以從其符號，看出木星與金星組合的意味。

C

Cusp
宮首

　　星盤上宮位的終點與起點的分界線。宮首在占星學中占有相當重要的地位，任何位於宮首上的行星都被視為對該宮所管理的事情具有強大的影響力。同時，有占星師認為當行星落在界線之前 5 度時，可以視為對下一宮發揮一定程度的影響力。

Cycle
週期

　　星體自某一起點出發，到下一次回歸到同樣位置，稱為一個週期。占星學上有兩個週期定義，一是星體繞行完黃道一圈稱為一個週期，又稱作恆星週期（Sidereal Cycle）。從地球上觀測，太陽繞完黃道一圈為 365.25 天、月亮約 27 ～ 29 天、水星約 88 天、金星約為 225 天、火星約為 687 天、木星約 11.86 年、土星約 29.5 年、天王星約 84 年、海王星約 165 年、冥天星約 248 年。另一個占星學常用到的週期，稱為合相週期或相位循環（Synodic Cycle，詳細內容參見同名詞條）。它是指兩顆行星相會、合相直到下一次產生合相的期間。我們所熟知月亮的朔、望、新月、滿月就是一個太陽與月亮的相位循環。另外，常用的相位循環還有木星與土

星的木土相位循環，以及它外圍行星彼此間的週期，在世俗占星
學研究中占有相當重要的地位。

恆星週期（Sidereal Cycle）

太陽	365.25 天	木星	約 11.86 年
月亮	約 27 ～ 29 天	土星	約 29.5 年
水星	約 88 天	天王星	約 84 年
金星	約 225 天	海王星	約 165 年
火星	約 687 天	冥天星	約 248 年

占星歷史

占星學的先河巴比倫人

占星學的起源，最早可以追溯到西元 3000 年前美索不達米
亞（Mesopotamia）平原上的巴比倫文化（Babylonian Culture）。巴
比倫的文化主體是由居住在這個區域的蘇美人（Sumerian）與阿
卡德人（Akkad）所建立。這群人也是最早擁有「黃道」概念的民
族。巴比倫人將天球上太陽經過的軌道區分為十二個區域（也就
是今日黃道十二宮的原始型態）。對巴比倫人來說，黃道最重要的
功用就是計算日期，也就是日曆的功能；黃道上的十二個區域就
如同我們今天慣用的 12 個月一樣。

——摘錄自《占星全書》

D

Daily Motion
每日移動

在星曆中，常會看到星體每日移動速度的表格，方便占星師徒手計算行星移動的速度，以確保星盤上行星位置的精準度。同時，這也應用在預測命運的推測法當中，例如「太陽弧正向推運」這門方法，就應用了太陽的每日移動速度，作為每年推測的計算基準。

Davison Chart（Davison Relationship Chart）
戴維遜關係圖

又習慣簡稱為「Relationship Chart」，是占星師羅南德‧戴維遜（Ronald Davison）依據兩個人出生時間的中點與地點的中點繪

製出的一張關係星盤。戴維遜關係圖被應用在觀察伴侶關係或合作關係，但許多占星師認為此技巧能提供的幫助有限，所以並不普及。

Daylight Savings Time（DST）
日光節約時間

在某些特定地區（通常為緯度較高的地區）的特定時刻（通常為夏季日照時間較長的時刻），因日照時間較長，為了節約能源（或其他因素）而將時鐘撥快 1 小時。目前歐洲國家在 3 月到 10 月間，就會將時鐘撥快 1 小時進入日光節約時間。在二次大戰時，英國還曾實施過雙倍日光時間，將時鐘撥快 2 小時。美國各州則有不同的規定。目前台灣地區自西元 1980 年起已無實施日光節約時間。在計算星圖時，必須注意出生的時刻是否為日光節約時間，若是則必須減去 1 小時。日光節約時間又稱夏令時間（Summer Time），例如：英國所施行的格林威治的日光節約時間，可以稱作「Greenwich Day Time（GDT）」或是「British Summer Time（BST）」。許多占星軟體上都會自動調節日光節約時間，但占星師仍需要再次確認。許多軟體會把台灣沒有實施夏令時間的西元 1980 年自動調整成日光節約時間，造成占星師的困擾。

台灣地區日光節約時間表

年	日期
1945 ～ 1951	5 月 1 日～ 9 月 30 日
1952	3 月 1 日～ 10 月 31 日
1953 ～ 1954	4 月 1 日～ 10 月 31 日
1955 ～ 1956	4 月 1 日～ 9 月 30 日
1957 ～ 1959	5 月 1 日～ 9 月 30 日
1960 ～ 1961	6 月 1 日～ 9 月 30 日
1974 ～ 1975	4 月 1 日～ 9 月 30 日
1979	7 月 1 日～ 9 月 30 日

Decanate
十度區間（十度法）

　　傳統的占星技法中，認為一個星座可以每 10 度分成一個區間。一個星座有 3 個 10 度區間，其中從 0 ～ 9 度為原本的星座守護，10 ～ 19 度則由黃道上為同個元素的下一個星座守護，20 ～ 29 度則由黃道上同一元素的再下一個星座守護。例如：牡羊座的三個 10 度區間為：牡羊座 0 ～ 9 度為牡羊座本身守護，牡羊座的 10 ～ 19 度為獅子座守護，牡羊座的 20 ～ 29 度則為射手座守護。

十度區間

Decile
十分相

　　產生十分相的兩個行星相距 36 度，屬於微小相位之一，同時也是克卜勒（Johanes Kepler）的研究中重視的角度。十分相暗示存在於內心當中的衝突所引發的困難，但目前少有占星師在解讀命盤上使用十分相。

Declination Aspect
赤緯相位（傾斜相位）

　　自天球赤道起為 0 度，往天球南極或北極各自延伸 90 度的黃緯座標系統當中，太陽系行星運行大多在赤緯的正負 27 度內。根據行星在黃緯上的度數所產生的相位，當兩顆行星在同一個赤緯

度數時稱為「平行相位（Parallel Aspect）」；一南一北卻又同樣度數時，則形成「對立平行相位（Contra-parallel Aspect）」，其性質與合相及對分相類似。

Degree Dial
度數盤

度數盤是漢堡學派常用的星盤繪製方式，最常用的有90度盤與45度盤。將一個圓盤分成90度或45度，再依照行星在黃經上的度數繪製在相對應的度數上。以45度盤為例，是將一個圓劃分成為45個刻度。在計算繪製的過程中，從傳統的牡羊座0度開始到金牛座14度，就繞行完45度度數盤的一圈；到了金牛座15度時，又回到了45度度數盤的0度，依此類推。45度度數盤的應用，最主要是在觀測行星之間是否產生以45度為度數的相位，若有則會在度數盤上位於同一個位置；而90度度數盤則是觀察行星之間是否產生以90度為基準的相位。90度盤被更廣泛地應用在許多世俗預測當中，因為90度盤的0度象徵牡羊座、巨蟹座、天秤座、摩羯座的0度，是占星學上預測世俗事件變化的重要時間點。

Descendant
下降點

又可簡稱為「Dsc」，黃道與西方地平線的交界，為第7宮的起點。傳統占星師認為下降點可以代表我們的伴侶，同時認為下降點代表著弱勢地位與不健康的身體。但現代占星師認為下降點

象徵著自我與他人間的互動模式，也代表著婚姻及合夥關係，同時認為行星在下降的影響力，並不亞於行星在天頂或上升的影響力。

Detriment
弱勢

　　傳統占星學中，當行星處於其守護星座或宮位的對宮時，稱該行星為弱勢位置。當太陽或命主星（上升點的守護星）處於弱勢時，暗示了個人身體的虛弱與不良的品行。但現代占星師認為，弱勢行星是因為其所在的星座不易發揮其特質，例如守護牡羊座（第1宮）的火星進入天秤座（或第7宮）無法發揮他的強勢自我風格，而有弱勢的傾向，並非代表不良的品行或虛弱的身體。

行星的弱勢星座表

行星名稱	星座名稱
太陽	水瓶座
月亮	摩羯座
水星	射手座、雙魚座
金星	牡羊座、天蠍座
火星	金牛座、天秤座
木星	處女座、雙子座
土星	巨蟹座、獅子座

Direct Motion
順行

因地球自轉的關係，當行星在黃道背景上由東向西稱為順行。在星盤上，行星是呈現逆時鐘方向運行，反之則為逆行。在傳統占星學中，順行的行星被視為是正常、可以發揮效力的；相對的，逆行星被看作無法發揮影響力，或會帶來負面影響。但在今日，逆行星有另外許多不同的解讀方式。詳見詞條「Retrograde 逆行」。

Direction
正向推運法

在占星學中，預測未來的方式可以分成兩種：實際天體觀測，與象徵性的星盤移動。實際天體觀測包括稱為「Transit」的行星過運（行運），以及名為「Progression」的推運法。「Direction 正向推運法」是以一張星盤上的所有星體或部分星體象徵性的移動（通常是 1 度）來作為未來一個時間單位（通常是 1 年）的運勢預測。從方法上來說，正向推運法包含傳統的「Primary Direction 一次推運（主限法）」、「Solar Arc Direction 太陽弧正向推運」、「One Degree Method 一度正向推運」、「基數推運」等。詳細內容參見各項詞條。

Dispositor
支配星

　　占星師認為，行星所在星座的守護星會對該行星產生一定的影響，故稱此守護星為支配星。例如：當木星落於牡羊座，而牡羊座的守護星是火星，那麼在此情況下，木星的支配星就會是火星。某些占星師同樣以支配星稱呼每個星座宮位的守護星（Ruler），因此當你看到中文的支配星時，必須確定其所指的是「Ruler」或是「Dispositor」。

Disseminating Moon
散播月相

　　月亮與太陽的距角介於 225 ～ 270 度之間的月相。在占星學上，這段時期代表在事物或生活的循環中，呈現成果出現之後，開始向外擴散、發揮其影響力的階段。人文占星學派認為，此一時期出生的人喜歡展現他們過去所學的經驗，傳遞知識與信仰，但有時想法會太過複雜，容易造成自身的困擾。

Dissociation Aspects
分離相位

　　當合相行星並非處於同一個星座，或三分相行星並非處於同元素星座，抑或是對分相行星並非處於同一條軸線的星座時，我們稱這些相位為分離相位。傳統占星學嚴格地認為這樣的情況下，相位的條件就不成立，但現代占星師則稱之為分離相位，且

認為分離相位有三種解讀方式。其一，認為分離相位僅具有感受的氛圍而實際的作用力不強；第二種解讀方式為考慮行星落入的兩星座之間的差異，這個判讀方式在現代的心理占星學中較為普遍，事實上也就是單純的解釋而已。最後一種解讀方式，盛行於人文占星學派與部分心理占星師，解釋的方式是朝著兩 2 個星體運行的方向，去觀測下一個將要形成的相位為何。例如：分離的150 度，很可能是要變成 180 度的對分相，或是逆行時可能形成120 度的三分相，而使得這個分離相位帶有對分相或三分相的意味在。

Diurnal
每日的（日間的）

　　這個詞在占星學中相當重要，我們常會在許多書中看到這個詞。最常見的幾個詞如下：

　　「日間弧度　Diurnal Arc」：指某行星從日出到日落的時間內，在黃道上所運行的弧度。

　　「日間的運行 Diurnal Motion」：因地球自轉的關係，天文觀測時星體會從東方升起西方落下，星體一天所做的移動便稱為每日運行。

　　「日間守護星 Diurnal Ruler」：在傳統占星學與時辰占卜占星學當中，每個星座根據白天與黑夜有著不同的守護星。

龍頭圖與龍頭黃道
Draconic Chart and Draconic Zodiac

西元 1951 年，占星師費根（Cyril Fagan）提出以北月交（North Node）作為黃道起點的概念。這樣新的出生圖判讀方式，引發了許多迴響，其中龍頭圖（Draconic Chart）最被廣泛應用。近代占星師使用龍頭圖作為心靈成長指引，與業力關係解讀的重要工具。

1 龍頭圖的計算

根據費根的理論，首先要將命盤中的北月交點視為牡羊座 0 度，依此為根據，重新計算星盤上其他星體位置的座標位置，繪製新的星盤。例如：北月交點位於金牛座 10 度，而太陽在金牛座 16 度，月亮在雙子座 10 度。則以北月交點當作牡羊座 0 度，重新計算太陽的位置時，太陽就成為牡羊座 6 度，月亮的位置則為金牛座 0 度。目前市面上許多占星軟體可以繪製出龍頭圖。

2 龍頭圖的解讀

龍頭圖是近代占星學的一項重大發現。占星學中，龍頭（北月交）多半被視為與靈魂的成長歷程有關；若從業力占星師的觀點來看，南北月交則與我們前世經驗的累積有關。從這兩個觀點來理解龍頭圖，我們就可以清楚掌握到，龍頭圖是一張判讀我們

今生靈魂成長的藍圖。藉由龍頭圖讓行星重新排列後，我們會發現一張與我們熟知的命盤有點類似（行星的宮位與位置相似）卻又全然不同（星體所在的星座全都改變了）的星盤。一個太陽在巨蟹座的人，很可能在龍頭圖中發現自己的太陽跑到了他最無法認同的水瓶或雙子。從業力與前世今生的角度來看，我們可以從龍頭圖的行星位置中，挖掘過去我們靈魂所累積的經驗，所要提醒我們的今生課題。

　　解讀龍頭圖並不困難，許多業力占星師甚至會直接說這就是你前世的命盤，但事實上也沒這麼簡單。我們可以用解讀一般星盤的態度來看龍頭圖，它同樣是你的星盤，但更特別的是，這是專屬於你靈魂成長的星盤。我們可以透過龍頭圖的上升點（Asc）位置來解讀我們靈魂的成長目標。例如：一個人的龍頭圖上升是水瓶座時，此人可以透過水瓶座的自我改造、爭取自由、重視共同目標與朋友等方式，來貼近他今生的靈魂成長。同時，這些事情也可能會替此人帶來一種因果業力的感受。此外，這個人也可能以水瓶座的實事求是與科學精神，來看待所謂的因果與業力。

　　而龍頭圖中的太陽與月亮，象徵深藏在我們內心中的寶藏。它是一種深刻的價值觀或莫名體認。這些體認可以說是我們靈魂想要前進的方向，也可說是前世的體驗。或許你是一個慈悲且浪漫的雙魚座，但你總覺得路邊乞討的人有手有腳的，不去工作不值得同情。當你觀察你的龍頭圖時，你可能會發現自己的太陽或月亮可能跑到處女座去了。這代表一種被隱藏起來的價值認同，或者前世的經驗，讓你對乞討的行為深深感覺不以為然。若比較

龍頭圖與出生圖，我們甚至會發現，有許多我們莫名其妙、不甚了解的事情或行為，原來源自於我們靈魂所設定的前進目標，或者若用因果一點的說法——在前世就早已決定了。其實我們也會常常從龍頭圖中，觀察出一些自身命盤中相當重要的顯示，或是被我們忽略的暗示。

就拿美國總統小布希為例，他的出生資料是 1946 年 7 月 6 日上午 7 點 26 分於康乃迪克州（Connecticut State）的紐哈芬市（New Haven）出生。若我們依照一般的方式繪製出他的星盤，會得到上升在獅子座 7 度，天頂在牡羊座 24 度，太陽在 12 宮巨蟹座 13 度，而月亮在第 3 宮天秤座 16 度，如下圖：

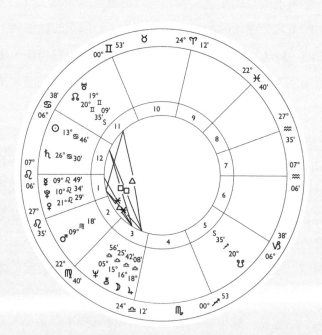

　　當我們以他的北月交點作為牡羊座 0 度、重新繪製一張龍頭圖，會發現原本位於巨蟹座的太陽，因為距離北月交很近的關係，成為了牡羊座 23 度；而原本的上升成為金牛座 16 度，原本在天秤座的月亮成為巨蟹座 27 度，如下圖：

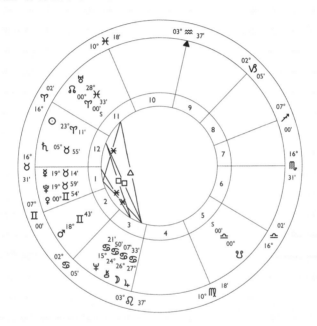

　　從這裡我們約略可以感受到，小布希那種對於生命、宗教的看法，也非常貼近上升在金牛座那種保守且強烈抗拒開放的態度。雖然太陽仍然在 12 宮，但已經從巨蟹座變成了牡羊座 24 度。或許這麼說，你仍感受不到龍頭圖的特殊，這時我們可以來觀察，若把小布希龍頭圖上的行星位置移動到他的本命盤，就可以看出一些小布希的靈魂指引，或者用業力占星一點的說法，小布希的前世影響。

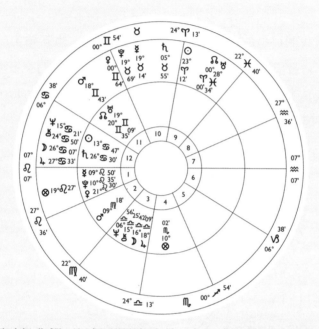

　　這時候我們可以很明顯地看到，小布希龍頭圖的太陽竟然跑到了本命盤的天頂牡羊座，的確符合小布希給人那種自信又自大的誇張態度（不可否認，本命上升獅子也有關聯），而且龍頭圖的牡羊座太陽的確有那種無論大家怎麼罵，他還是我行我素當他的美國總統的風格，也依然受到許多人支持（龍頭圖太陽接近本命天頂）。而龍頭圖木星與龍頭圖月亮跑到 12 宮本命土星所在的位置，象徵著他內心中的不安容易被擴大檢視。而龍頭圖火星竟然與天王星在 11 宮雙子座結合，在在說明了這位美國德州牛仔總統為什麼會在接待外賓時頻頻出糗。他認為友善的動作，會被許多人當作是不尊重或是傻氣的行為。或許用東方的前世因果關係來看，我們確實可以說，小布希上輩子可能有燒好香，才會保佑他這輩子就算眾人罵，還可以當總統當得這麼愉快。

3 龍頭圖的合盤應用

　　龍頭圖合盤可以說是龍頭圖最精彩的應用，也是許多深信前世今生的占星愛好者最適合學習的一門課題。按照業力占星學的說法，龍頭圖記錄著許多前世今生的因果關係，或者說前世經驗的累積。從前述觀察小布希的龍頭圖與本命盤的合盤，就可以視作是一個人自身前世（或過去業力福報）對今生的影響。同時這樣的技巧，我們可以應用在親子、伴侶關係上，甚至有許多人，你認為和他一拍即合，像是上輩子早已熟識的朋友，或許也可以從龍頭圖中找出一點互動的關係。無論是你的龍頭圖與他的本命盤，或是他的龍頭圖與你的本命盤的互動，都可以看出一點業力的影響。例如有許多婚姻伴侶，在命盤上即使看不出一些特別具有象徵意味的交集，往往用龍頭圖就可以觀察出那種平時看不出的業力影響。

　　繼續拿小布希的案例來討論。在這裡我們並不討論他的婚姻關係，而是聚焦於小布希和他另一位關係特殊的合作伙伴。就在小布希決定攻打伊拉克時，全球一片譁然。許多國家都極力反對，特別是歐洲國家抱持著要由聯合國處理的態度。這時，就只有英國首相布萊爾（Tony Blair）支持小布希的決定，並和小布希站在同一陣線，甚至出兵相挺。這個決定造成了布萊爾政治生涯的最大風暴，他的支持率頓時下降到最低點，就連他所領導的工黨，內部許多重要政府首長也出面反對，不惜辭職阻止布萊爾出兵，甚至後來逼退他辭去首相與工黨領導人的角色，釀成風波。從此，反對他擔任首相的聲浪不斷，直到西元 2007 年 5 月，他正

式宣布將辭去首相職位。我們可以說為了支持小布希的決定，布萊爾不惜賠上了政治前途。

在此，我們暫時不談國際強權與政治經濟因素的左右，單只從小布希與布萊爾兩人命盤與龍頭圖的關係，來看這兩位全球強權的領導者之間有什麼樣的互動。若我們簡單從他們的命盤來觀察，小布希的太陽在巨蟹座 13 度，正好與布萊爾位在金牛座 15 度的太陽形成六分相，暗示著他們在所追求的目標上可以彼此協助（六分相）。而小布希位在天秤座 16 度的月亮，與布萊爾在水瓶座 11 度的月亮形成了一個寬鬆的三分相。從心理占星學的解釋來看，他們能夠了解、接納彼此的需求及情緒上的不安，並互相接受。彼此的上升星座也形成了六分相，任何一對好朋友擁有這樣的相位，顯示出極為融洽的互動。

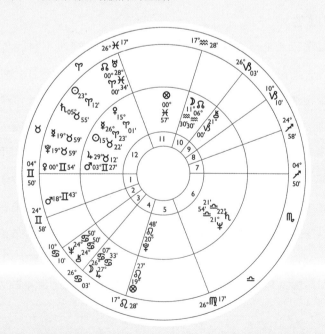

　　我們進一步觀察他們的龍頭圖。若將小布希的龍頭圖套在布萊爾的命盤上，我們會發現，布萊爾上升的火星（競爭、征戰）與小布希龍頭圖的金星（價值觀、情感、利益）產生合相。這個合相發生在代表個人對外表現的上升點附近，代表小布希所傳達出來的價值觀與利益，很容易打動布萊爾對於戰鬥競爭的特質（火星合上升）。同時，小布希龍頭圖的水星與冥王星與布萊爾的太陽合相，而小布希龍頭圖的太陽又再次和布萊爾的水星合相。顯示他們對於彼此的溝通與認同毫無問題，且小布希無形中可以對布萊爾的決定與意識發揮深刻的影響力（冥王星）。更特別的是，小布希龍頭圖的火星正好三分布萊爾在第10宮（個人名聲）的月亮。這暗示著布萊爾容易被小布希刺激，進一步引發他對政治前途的不安。

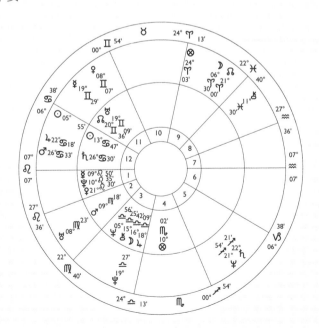

　　若反過來看布萊爾的龍頭圖與小布希的命盤時，則會發現布萊爾位於巨蟹座 8 度的龍頭圖太陽，正好與小布希的太陽合相，顯示兩人的追求目標更為一致。布萊爾龍頭圖的火星、木星同時與小布希的土星合相。在小布希最脆弱、最擔憂的層面（土星）上，布萊爾給予了信心（木星）和實際行動（火星）的支援，進一步安撫了小布希的不安。兩人天王星與火星的合相，更讓小布希放膽去進行這個震驚全球的行動。在這個案例中，龍頭圖解釋了許多我們在命盤當中不容易發現的關係互動。當我們從命盤中找不到一段關係強而有力的互動時，或許可以試著使用這樣的技巧，來發覺一些潛在的關係。

Dragon's Head
龍頭

又稱月亮北交點（North Node，習慣簡稱北月交、北交點），是黃道和月球軌道的北邊交點。現代占星師視北月交為精神與心靈成長的途徑。心理占星師認為，北交點所在的星座與宮位的主題，代表我們生命中的重要課題，但卻因我們好逸惡勞的個性不願去執行。一旦我們去執行北交點的課題，將會發現生活的美好。傳統占星師則認為，北月交具有木星的效應。印度吠陀占星學與中國的七正四餘稱北月交為「羅睺」，但其定義與現代歐美占星師的觀念大不相同。

Dragon's Tail
龍尾

又稱月亮南交點（South Node，習慣簡稱南月交、南交點），是黃道和月球軌道的南邊交點。現代占星師認為，南月交為我們習慣、適應、感到舒適的地方；業力占星師覺得這是我們前世留下的印記所在。心理占星學認為南交點是我們熟悉的環境與狀況，卻也讓我們沉溺於舒適的環境中，不願朝成長的路前進。傳統占星師則認為南月交具有土星的不幸特質。龍尾在吠陀占星學與七正四餘中又稱「計都」，但定義與歐美占星師對南月交的觀點大不相同。

Dry Sign
乾性星座

傳統占星學中，星座可以分成乾、濕與冷、熱。火相星座與土相星座的性質都屬於乾性，稱為乾性星座。在時辰占卜占星學中，這層定義相當重要。乾性星座的火相與土相能夠透過這種特質產生互動，位在這兩種元素星座的行星，可以因同樣具有乾性的特質而產生對彼此的認同。

E

Earth Element
土元素

　　鍊金術與西方神祕學認為，世界由風、火、水、土四大元素組成，四元素又有另外四個氣候性質（冷、熱、乾、濕）來搭配，土元素被認為是乾且冷的星座，在占星學中與其相關聯的為土相星座和土相宮位。

Earth House
土相宮位

　　在出生圖上與土相星座相對應的宮位，分別是第 2、6、10 宮，又稱物質宮位（Substance House）。一個人的命盤中若有強烈的土相宮位，會使此人對生命抱持實際的態度，但也可能引發過

度重視物質的憂慮；若命盤當中缺少土相宮位又同時缺少土相元素時，此人的性格較為不切實際，也不重視物質生活。

Earth Sign
土相星座

包括金牛座、處女座和摩羯座。傳統占星學中，土相星座具有憂鬱、實際、重視物質的特質。心理占星學則認為，土相星座的實際態度與每天物質層面的生產建構、規畫管理有關，並與榮格四大類型的的感官類型結合。

Eastern House
東方宮位

東方宮位指的是命盤上靠近上升點的宮位，從天頂到天底分別是 10、11、12、1、2、3 宮，但也有占星師以東方宮位來稱呼第 1 宮。若行星偏重在東方宮位的人，較為自我取向，無法接受他人的意見。最典型的案例就是美國總統小布希，他命盤中所有的行星都集中在星盤的東方，與他自信莽撞且不聽從他人勸告的個性十分相似。

Eclipse
蝕

天體觀測中，一發光星體被另一星體經過、遮蔽時，產生陰影稱為「蝕」。在占星學上最被重視的，莫過於天體當中兩大發光

體的蝕，日蝕（Solar Eclipse）與月蝕（Lunar Eclipse）。日月蝕是占星學上的重要指標，無論對世俗與個人都有強烈的影響。根據現代占星師的研究，日蝕的影響力可以長達 3 年以上，而月蝕的影響力從 6 個月到 3 年不等。詳細內容參見日蝕（Solar Eclipse）與月蝕（Lunar Eclipse）。

Ecliptic
黃道

　　若以地球為中心來觀測，因地球公轉的關係，太陽在天球上會呈現恆星固定背景的移動，所移動的軌道稱為黃道。「Ecliptic」特別強調了太陽軌道的意味。之所以會稱為「Ecliptic」也與「Eclipse 蝕」這個字有關。因為新月或滿月時刻，若太陽、月亮都同時在這一條軌道上的話，就會產生日月蝕。

Eighth House
第 8 宮

　　占星學上，星盤上的第 8 宮與黃道上的第 8 個星座天蠍座相互呼應。傳統占星學上，有性、死亡、他人的物質、金錢之意涵，從此延伸為遺產、借貸等關係。心理占星學認為，第 8 宮與個人無異是有關聯的，是介於情緒出口、心靈黑暗面、集體無意識的位置。世俗占星學中則與稅務、外匯利率、公共安全有關。

Electional Astrology
擇日占星學

依據天體運行的狀況，選擇有利事物開始或進行時刻的占星學問。其實就是以占星的方式，選擇一個對事件最有利的日子。最常見的如選擇婚禮的日子，或是選擇公司成立的日子。這點與出生圖占星學剛好有異曲同工之妙。出生圖占星學是由一個人的誕生來看一個人的命運；而擇日占星學則是選擇一個能夠帶來美好未來的時間，來做這件事情。「Electional」這個形容詞來自選擇（Elect）。

擇日占星學大體上相當簡單，只要從對方所提供可能的日期當中製作星圖，接著觀察何者對這件事情有利。雖然時辰占卜占星師們常常使用擇日占星學，不過我們並不會把時辰占卜的細則應用在這裡。擇日占星學大致上比較類似出生圖，不過因為應用在不同層面，也有一些細節。在幫人選擇日期時，要記住沒有絕對完美的擇日圖。我們只能在特定的時間內選擇符合對方要求的時刻。關於擇日占星學的詳細內容，在本人的著作《占星全書》中有更詳細的介紹。

Element
元素

西洋古典哲學與神祕學相信，世界是由元素構成的，分別為火、土、風、水四種元素，這個觀念也被深刻應用在占星學當中。占星師們將黃道上的星座區分為屬於火元素的牡羊、獅子、

射手；屬於土元素的金牛、處女、摩羯；屬於風元素的雙子、天秤、水瓶；與屬於水元素的巨蟹、天蠍、雙魚。而每個元素都有其氣候性質，例如：火元素為乾與熱，土元素是乾與冷，風元素是濕與熱，水元素是濕與冷。關於冷、熱、乾、濕四種特質對四元素星座的影響，請參考詞條「Quality 性質」。

Eleventh House
第 11 宮

　　星盤上的第 11 宮，與黃道上第 11 個星座水瓶座相互呼應，在傳統占星觀念中象徵朋友、社團。心理占星師認為第 11 宮代表與他人達成的共同目標，以及超越自我的目標（願景）。在世俗占星學上，與民意機關、地方政府、社會團體、政治改革有關。

Elongation
距角

　　以地球為中心作為觀測點，來觀測行星在繞行軌道上與太陽之間的角度。多數的行星與太陽之間沒有距角的限制，但是水星與太陽之間的距角不會超出 28 度，而金星與水星的距角不會超出 46 度。

Ending House
結束宮位

　　即 4、8、12 宮，在占星學中又稱為水相宮位（Water Houses）

或感覺宮位（Feeling Houses）。在星盤上，若大部分行星落入這一類宮位，象徵著此人的感受力強，重視內在情緒與精神的發展；但缺點可能是太過虛無縹緲，且容易有頻繁的情緒困擾，或容易受到他人影響。相反的，若命盤當中沒有行星落入這些宮位，又加上沒有行星落入水相星座，此人的感受力與同理心較差，對於事物的看法總是不帶情感。

Ephemeris
星曆

記載星體運行的曆書，作為繪製星圖的依據。在過去，星曆被視為占星師的重要工具。著名的星曆包括瑞士星曆與美國星曆，並分為以中午時刻為標準的「正午星曆」，以及以凌晨時刻為標準的「子夜星曆」。在今日，由於電腦普及且占星師多半使用軟體繪製星圖，星曆的重要性便明顯沒落。目前網路上可以找到的「瑞士星曆」是子夜星曆的一種，其網址為：http://www.astro.com/swisseph/swephae.htm。而英國大多數的占星學院則使用正午星曆，例如《The American Ephemeris For The 21st Century 2000 To 2050 At Noon》。這本書僅能在專業的占星書店或透過購書網站找到。

Equal House System
等宮制

以上升點為基準，在黃道上每30度劃分成一個宮位，使得每

宮都相等。等宮制也是占星學上最早出現的宮位劃分法。後來的占星學者因不同的想法而提倡不同的分宮法，卻很少影響等宮制的地位。至今，等宮制仍是對初學者最方便、最簡單的宮位制，因而較為普及。英國大多數的占星學院也都採取等宮制，作為初級占星教學的依據，並避免使用不同的宮位劃分，以防產生討論上的混淆。

E

Equator
赤道

赤道將地球均分成為南北兩邊的想像大圓，是地球地理位置座標的重要標線。每年太陽直射赤道的時刻，就是春分與秋分點的均分點時刻。這時位於南北半球高緯度的人們可以感受到日夜均分；相對的，位於赤道附近的人，較無法察覺隨著季節的晝夜變化。

Equinox
均分點

由於地球的地軸傾斜，使得太陽並非照射在某一個固定緯度上，地球上因而有不同的日夜長短變化。冬天日短夜長，夏天日長夜短，而只有在太陽經過回歸黃道上的兩個均分點時日夜均分，分別是春分點（Spring / Vernal Equinox）和秋分點（Autumn / Autumnal Equinox）。

Equinox Sign
均分點星座

　　指太陽通過北半球春分點的牡羊座,與太陽通過北半球秋分點的天秤座。在占星學中,當太陽經過這兩個星座時,正好是晝夜均分的時刻,於是占星師們又稱這兩個星座為均分點星座。

Esoteric Astrology
神祕占星學

　　強調神祕主義色彩的占星學,結合占星與靈修、通神學、神祕學、鍊金術等具有哲學思想的占星學。雖然其特色為廣泛應用暗月、南北交、阿拉伯點、小行星與特殊點,但更值得注意的是,其思考背景涵蓋了豐富的神祕哲學色彩。此外,神祕占星學在占星的定義上與一般占星師有著不同的看法,例如在行星守護與行星宮位星座的意涵等概念。

Event Chart
事件圖

　　在占星學的研究範圍中,不僅限於人的星盤,當事件發生時,也可以依據事件發生的時間、地點而繪製出星盤,作為解讀的依據。依照事件發生的時間、地點所繪製的星圖,就稱為事件圖。例如:政治占星學當中某國的成立、某屆政府的成立,或是公司的成立、股票的上市等事件,包含自然與人為事件,例如:地震或刑事案件等。

Evolutionary Astrology
演化占星

在美洲相當受歡迎的現代占星學派，綜合了人文心理學與古代新柏拉圖主義的靈魂觀點。其重要的觀念，認為人的靈魂會一再回到世間，而星盤的出生時刻則留下了靈魂來到世間目的的紀錄。根據星盤的描述，可探索如何透過星盤的行星配置，幫助靈魂完成今生的課題。

Exaltation
擢升

在占星學中，認為某些行星進入特定星座與特定度數時，處於最有利的狀況，稱為「Exaltation」。「Exaltation」在中文有許多不同的稱呼，例如：可借用中國命理的入廟、廟旺、得地、強勢等說法，有時會與行星進入守護相混淆了。我在之前的著作中常用強勢來稱呼「Exaltation」，但有讀者反應這樣常會和守護的關係搞混，所以在本書，我們固定稱「Ruler」為守護，稱「Exaltation」為擢升，他們同樣都會讓行星產生強勢的位置。

從心理占星學的角度來看，行星在這些星座與角度中可以有效發揮其基本特質。傳統的占星學則指出，某些星座具有使特定行星產生強勢的能力，甚至在特定的角度更能顯示該行星的強勢，如下述表格所顯示：太陽進入牡羊座為擢升，特別在牡羊座19度時最為強勢；而月亮在金牛座為擢升，特別當月亮處於金牛座3度時為最強。在傳統占星學中判斷行星的力度強弱，可以推

測一個人命運的好壞，或事件的吉利與否。行星力度較強的情況包括：進入其守護（Ruler）或擢升（Exaltation），其次還有「四元素守護」（Triplicity）與「界（六度守護）」（Term）「面（十度守護）」（Face）；而與「Exaltation」相對的則稱為「失利」（Fall）。

　　大部分的占星師不將晚近發現的天王、海王、冥王三行星，列入擢升與失利的關係當中。而有些現代占星師則因加入了近代被發現的行星，而更動了擢升關係。事實上，現代行星的擢升星座各有許多不同的看法，光是海王星的擢升星座就有三種不同的看法，分別是：巨蟹座、射手座甚至處女座。表中括弧裡列出的只是其中常見的說法，且目前並無定論。至於凱龍星（Chiron），我採取研究該星多年的占星大師梅蘭妮‧瑞哈特的說法。南北交則較少被列入擢升的位置中，但中世紀占星師阿布‧畢里尼（Abu Biruni）認為，北月交在雙子座擢升而南月交在射手座擢升。大部分的時辰占卜占星師仍遵循著傳統的擢升星座分配。

行星與擢升星座關係：傳統占星

星座（指特別在該度數最強）	行星
牡羊座（19°）	太陽
金牛座（3°）	月亮
雙子座	無
巨蟹座（15°）	木星
獅子座	無
處女座（15°）	水星
天秤座（21°）	土星

天蠍座	無
射手座	無
摩羯座（28°）	火星
水瓶座	無
雙魚座（27°）	金星

行星與擢升星座關係：現代占星

星座	行星
牡羊座	太陽
金牛座	月亮
雙子座	北月交點
巨蟹座	木星（海王星）
獅子座	（冥王星）
處女座	水星（凱龍星）
天秤座	土星
天蠍座	（天王星）
射手座	南月交點（海王星）
摩羯座	火星
水瓶座	（水星）
雙魚座	金星

＊上表括弧內的資料表示占星學界並無定論，僅供參考

Face
面（十度守護）

又稱為十度守護。在傳統占星學與時辰占卜占星學中，將黃道十二星座的每個星座切成三個「面」，每一「面」10度，總共有三十六個「面」。再依照固定的行星排列順序，放入每個面當中，依序為火星、太陽、金星、水星、月亮、土星、木星，自木星後又重新回火星，開始另一個循環。在時辰占卜占星學當中，若行星回到了屬於它的面（十度守護）則表示小小的吉利。例如：金星雖然在牡羊是弱勢，但如果進入牡羊座的 20 ～ 29.59 度，或是巨蟹的 0 ～ 9.59 度時，都算是進入屬於金星的面，算是小吉相。

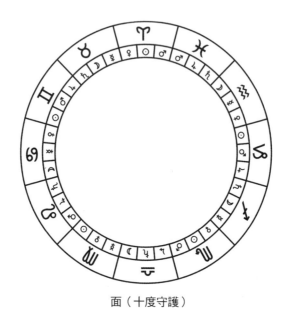

面（十度守護）

Fall
失利

　　在傳統占星學中，若行星處於其擢升星座（Exaltation）對面的星座，則稱為失利。他們認為，行星在這些位置會帶來凶兆；若該行星與個人息息相關，則會影響此人的命運或帶來壞的品行。例如：有人認為月亮在天蠍座的人往往命運悲苦。現代占星師則認為，處於失利的行星，其特質在這些星座無法順利發揮，或是負面的特質會被擴大。而心理占星師認為每個行星進入一個星座都有好壞兩面，不必太過拘泥擢升或失利的關係。至於晚近發現的三個行星，占星師多半不討論它們的擢升與失利關係，但仍有一些占星師有不同的見解，所以我們列舉一些例子。

F

傳統的失利關係

行星	星座
太陽	天秤座
月亮	天蠍座
水星	雙魚座
金星	處女座
火星	巨蟹座
木星	摩羯座
土星	牡羊座

現代的失利關係

行星	星座
天王星	金牛座
海王星	摩羯座
冥王星	水瓶座

＊以上仍無定論，僅舉例說明。

Feeling House
感覺宮

在占星學中又稱 4、8、12 等宮位為水相宮位、結束宮位或感覺宮位。參見詞條「Ending House 結束宮位」。

Feeling Type
感覺型

榮格的四大人格特質之一。心理占星師將他與水相星座相互

對應，認為命盤當中許多行星落入水相星座的人，其水相星座強勢，符合感覺型的人格特質。這樣的人習慣用感受與情緒來看待事件；命盤中若行星較少落入水相星座，比較不能用情感和情緒來看待事情，有時也會變得較冷漠無情。

Feminine Planet
陰性行星（女性行星）

一般會將月亮與金星視為陰性行星，並認為它們與女性有關。有些占星師認為，海王星也算陰性行星，水星被視為同時具有陰陽性的行星。托勒密則有不同的看法，他認為行星可以依據其守護的星座改變陰陽性。例如：火星在守護牡羊座時為陽性，但是在守護天蠍座時可為陰性。

Feminine Sign
陰性星座

星座依據其陰陽性而有所區別，土相星座與水相星座就是所謂的陰性星座；金牛座、巨蟹座、處女座、天蠍座、摩羯座和雙魚座都是陰性星座。一般認為，陰性行星對於事情的態度較為被動，性格較為內向。

Fifth House
第 5 宮

在星盤上，第 5 宮與黃道上第 5 個星座獅子座相互呼應，

傳統占星學認為，第 5 宮與子女、娛樂、賭博、戀情有關。心理
層面上，第 5 宮代表個人目標，與創意能力、個人創作、藝術創
作、個人喜好有關；世俗占星學中也與運動、娛樂、兒童政策有
關。

Finger of Fate
命運之指

又稱上帝之指或「Yod」，指有顆行星同時與另外兩顆行星形
成 150 度角。這種圖形有點像是一支箭頭，有人則套用猶太教中
的「上帝之指」（Yod）來形容這樣的角度。由於 150 度角（亦即
十二分之五相位）是一個敏感的位置，而同時承受兩個 150 度角
的行星就是「手指」的部位，又稱「端點行星」（Apex Planet），也
就是敏感的位置所在。

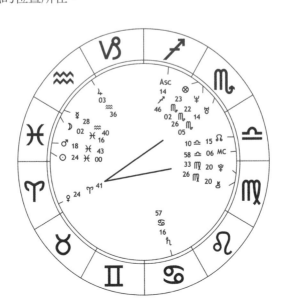

Finger of the World
世界手指

世界手指是圖形相位的一種，又稱雷神之鎚。當一個行星與另外兩個行星同時產生 135 度的相位時，稱為世界手指。這組相位象徵辛苦、努力地去執行一件事，且感到費力疲憊。

Final Dispositor
最終支配星

若一顆行星其所在星座的守護星落入另一個星座，將會受到另一個星座的守護星影響，依此法找到最後可能會出現一個守護星落在守護自己的宮位時，這層關係稱為最終支配星。例如：火星落入射手座受木星守護，木星落入金牛座受金星守護，金星又落入獅子座受太陽守護，而太陽也同時在獅子座守護自己，此時太陽為火星、木星、金星的最終支配星。占星師認為，若命盤上出現最終支配星，則需要注意最終支配星強烈的影響力。

Financial Astrology
財經占星學

研究天體與世俗經濟變化、股市金融行情、公司營運狀況到個人資產財務狀況的占星學問，都可以列入財經占星學的範當中。其研究層面涵蓋世俗占星學與個人占星學。根據英國占星協會的規定，除非本身具有財經專業背景，否則不能給予客戶財經占星方面的諮詢。

Firdaria
法達星限法

傳統占星學中的一種運勢推測方式。日間出生與夜間出生的星盤，有著不同的行星守護週期，並透過該行星在星盤的星座、宮位、相位去判斷運勢。日間星盤由出生圖上的太陽掌管出生之後 10 年的運勢，而後為金星 8 年，水星 13 年，月亮 9 年，土星 11 年，木星 12 年，火星 7 年，北月交 3 年，南月交 2 年，然後回到太陽。夜間星盤則由月亮守護出生之後的 9 年，而後是土星 11 年，木星 12 年，火星 7 年，太陽 10 年，金星 8 年、水星 13 年，北月交 3 年，南月交 2 年。也有些占星師對夜間出生者星盤的法達星限排列，有不同的看法。

F

法達星限排列

日間出生盤			夜間出生盤		
行星	主運時間	結束歲數	行星	主運時間	結束歲數
太陽	10 年	10 歲	月亮	9 年	9 歲
金星	8 年	18 歲	土星	11 年	20 歲
水星	13 年	31 歲	木星	12 年	32 歲
月亮	9 年	40 歲	火星	7 年	39 歲
土星	11 年	51 歲	太陽	10 年	49 歲
木星	12 年	63 歲	金星	8 年	57 歲
火星	7 年	70 歲	水星	13 年	70 歲
北月交	3 年	73 歲	北月交	3 年	73 歲
南月交	2 年	75 歲	南月交	2 年	75 歲

Fire Element
火元素

西方古典哲學與神祕學認為，火元素是構成世界的四大元素之一。神祕學中認為火元素具有乾與熱的特質，與水元素的濕、冷特質完全相對。在占星學中，與火元素有關的為火相星座和火相宮位。

Fire Sign
火相星座

火相星包括牡羊座、獅子座和射手座。傳統占星學認為火相星座散發光與熱，能帶來熱情與積極的態度。心理占星學認為火相元素與自我的認知目標與成長有關，更把火相星座與榮格四大人格類型中的直覺型作連結，意指火相星座的人對於事務的態度較為直觀，喜歡主動出擊並以直接的感受回應一切事物與問題。

Fire House
火相宮位

在星盤中與火相星座對應的火相宮位分別是第 1、5、9 宮，又稱作自我宮位（Self Houses）或生活宮位（Life Houses）。占星師認為，火相宮位強的人較為自我，且知道如何主動出擊去開創自己想要的生活。命盤中若同時缺乏火相宮位與火相星座的人，則對人生目標較為徬徨，不容易找到生活方向感，習慣以他人的目標或喜好為依歸。

First House
第 1 宮

星盤中從上升點算起的第 1 個宮位。在傳統占星學中，第 1 宮代表自我、外型、健康與活力，從心理層面來看，第 1 宮象徵自我呈現、個人在性格與外在形體上的特質，給予外界的印象等。在世俗占星學中象徵國家整體的表現，以及這個國家給予他人的感受。

F

First Quarter Moon
第一象限月

當月亮與太陽的距離介於 90 度到 135 度時為上弦月，在占星中又稱為第一象限月。此階段中事物或生活呈現擴張的力量。命盤中日月關係處於這個階段的人，相當有自信，但有時會因太過有自信，看不見自己的缺失而招致失敗，必須知道謙虛與節制。

Fixed Cross（Grand）
固定大十字

命盤中，當四顆以上的行星或基本點落入四個不同的固定星座，且彼此間同時形成對分相與四分相時，稱為固定大十字。這種人由於性格固執、不易接受新事物而容易受到困擾。也有占星師用「Fixed Cross」稱呼固定星座。

Fixed Sign
固定星座

金牛座、獅子座、天蠍座和水瓶座這四個星座，在占星學中稱作固定星座。他們的出生時節多在氣候特徵最為明顯的階段，例如：金牛座出生於北半球的春天，百花齊放的五六月；獅子座出生於仲夏。從心理層面來看，這四個星座的人性格特質相當明顯，有自己喜好且固定的生活模式，不喜歡主動出擊更不喜歡面對改變，往往有著較為固執的缺點。

恆星
Fixed Star

　　古代人在觀察星空時，發現某些星體並不會在天空中移動，彼此間形成了固定的相對位置，於是稱之為恆星；而某些星體會在黃道之間穿梭，便稱呼它們為行星。恆星在早期巴比倫時代的占星學中，有著相當重要的地位，但後來逐漸被忽略。托勒密編著的《天文學大全》中，詳列了這些恆星的位置與所投影的黃道度數，這成為後來占星師判斷恆星影響的依據。事實上，在巴比倫與埃及時代，恆星的觀測與影響的判斷並非依據其投影的黃道度數，而是根據恆星的週期運動、與太陽還有行星間的共軸關係，以及恆星與行星間在天空的相對位置位置作為判斷。

　　現代占星學判斷恆星的影響，最主要是根據托勒密之後使用恆星所投影的黃道度數來作為判斷。例如：北極星位在雙子座 29 度，若某張星盤有行星落入雙子座 29 度，則稱此行星與北極星合相，並以恆星的性質來判斷這個合相的吉凶。

　　近年，在布蕾迪博士（bernadette brady）等人的研究下，使用巴比倫的共軸方式判斷恆星影響的方法再次被發掘出來，並為占星學提供了另一種不同的恆星觀點。這個方法是根據恆星每天以北極為軸點繞行天空（實為地球自轉）的重要軸點而來。當恆星與某行星同時出現天空的至高處、至低處、地平線東方與地平線

西方時，會聲稱它們之間有著共軸影響。同時，此方式會考慮某些恆星出現在天空的週期，而判斷該恆星所帶來的特殊影響。

壁宿二（Alpheratz）

位在白羊座 14 度 18 分，帶著受榮耀、榮譽以及受歡迎的表現。天生尊貴，不過也容易使人緊張且沒耐心，卻也是一顆對於婚姻有幫助的吉星。

婁宿三（Hamal）

位在金牛座 7 度 40 分，在過去象徵羊角。根據托勒密的說法，此星有火星與土星的象徵，具有暴力傾向和攻擊性，象徵危險，但也可能是一個團體的領導者與保護者。

大陵五（Algol）

位在金牛座 26 度 10 分，據說是最邪惡的一顆星，象徵著暴力與不幸，帶來電擊般的傷害。一般來說，會帶給人致他人與死的殘暴本性。

昂宿星團／七姊妹星團（Pleiades）與昂宿六（Alcyone）

位於雙子座 0 度 00 分，帶來盲目與活躍的能力。托勒密認為可以用月亮與火星的會合來解釋有野心、混亂、樂觀，卻也象徵活躍的智能帶來混亂，也對農業有幫助。

畢宿五（Aldebaran）

位於雙子座 9 度 47 分，帶來了野心的實現與榮耀的特質，賦予人們重任，有一種能夠煽動別人的言語與行動的力量，但也會帶來生病和暴力危險。

參宿七（Rigel）

位於雙子座 16 度 50 分，帶來了成功的條件以及尊貴的特質，不過卻容易遭人背叛，使得成功不容易維持，通常做事也不夠完美。

參宿五（Bellatrix）

位於雙子座 20 度 57 分，又有「女戰士亞瑪遜之星」之稱。此星帶來了高度的文化與教養，也因為能夠迅速下決定且落實計畫，而帶來成功的機會，但容易在過程中樹敵，最後導致毀譽參半。

五車二（Capella）

位於雙子 21 度 51 分，是一顆吉星，帶給人成為公眾人物的能力，及名譽、財富、社會地位。特別之處，在於同時具有水星的求知精神與海王星的神祕、奇怪特質。古代又稱此星為「小山羊」。

參宿四（Betelgeuse）

位於雙子 28 度 45 分，擁有敏捷的行動與快速的思考，容易帶來善變的特質與緊張、焦慮，但仍是一顆吉星，易造就出傑出的運動員。根據德國占星學家艾伯丁（Reinhold Ebertin）的研究，此星會帶來榮譽和名聲。

天狼星（Sirius）

位於巨蟹 14 度 05 分，是天空中最亮的星之一，帶來忠誠、榮譽與名望，卻也可能過度燃燒自己而付出一切。當它與火星在上升星座結合時更是如此。在天頂與木星會合時，將造就無數有重要影響力的人物。在第 8 宮與行星結合時，代表死後的榮耀。

北河二（Castor）

位於巨蟹 20 度 14 分，與北河三相當接近，也就是在古代代表「雙子」的其中一個「Castor」，帶來智慧、冒險、榮耀，卻容易在瞬間失敗或生病。上升或有行星在此的人相當頑皮，也有可能發展出暴力傾向。

北河三（Pollux）

位於巨蟹 23 度 13 分，同樣屬於古代的雙子座之一，代表勇敢、大膽、冒險、重視義氣、具有創造能力，同時卻感到痛苦。若在上升與火星會合將帶來開創力與殘暴。

南河三（Procyon）

位於巨蟹 25 度 47 分，是一顆吉星，代表財富與名望，也代表占星學。通常替人帶來急躁的個性，也容易引發失敗。與上升太陽結合時，則會帶來勇氣與幸運。

柳宿增三（Acubens）

位於獅子 13 度 38 分，是一顆帶來不穩定的恆星。會招來活躍的能量，卻容易用在錯誤的方向。傳統占星學認為，這個位置暗示著說謊與犯罪。

軒轅十四（Regulus）

位於獅子 29 度 50 分。自古以來，軒轅十四就一直有帝王之星的稱呼，是尊貴的象徵，誠實、正直且帶來勇氣，同時也帶來了野心與暴力。此種暴力通常會表現在報復的時候。它也有負面的影響，特別與火星、土星結合時，容易帶來疾病與眼睛的傷害。

太微右垣五（Zosma）

位於處女座 11 度 19 分，並不是一顆吉星，帶來了恥辱、不道德、擔心和害怕。

五帝座一（Denebola）

位於處女座 21 度 37 分。此星位於獅子座尾巴，在古代雖被視為能帶來勇氣，但是他們常有不同的見解，容易與人發生爭

吵。行星或上升若與此星結合，會帶來思想與言語上的激動，但有利於事物改革。

太微左垣一（Zaniah）

位於天秤座 4 度 31 分，是一顆討人喜歡的星，帶來親和力與可愛純真的個性。象徵榮譽、帶來和平與談判的可能，常會是很棒的指揮人員或銷售高手。

角宿一（Spica）

位於天秤座 23 度 50 分，帶來溫和的性情，受人歡迎；聰明，吸收知識相當迅速，將帶來成功的機會，不過在性格中帶些不公平。

大角（Arcturus）

位於天秤座 24 度 14 分，透過旅行將帶來自我覺醒與探索，暗示榮譽、財富、名望繁榮的生活。在上升時顯示對朋友的忠誠。

氐宿增七（South Scale，Zuben Elgenubi）

位於天蠍座 15 度 05 分，是古代天秤座的一邊，又被稱為南秤。別忘了他們也代表天蠍座的爪子，並不會帶來幸運的幫助。其代表暴力、謊言與犯罪衝突等，且會帶來健康的壞預兆。

氐宿四（North Scale，Zuben Eschamali）

位於天蠍座 19 度 22 分，是北邊的天秤一端與北邊的爪子。相較於另一邊帶來的困難與厄運，這一邊帶來了榮耀與永恆的名譽、極高的野心、財富以及愉快的生活。

心宿二（Antares）

位於射手座 9 度 46 分，天蠍座的心臟部分。好鬥、堅持、固執，帶來了勇氣與決心，卻也帶來暴力、邪惡、死亡的預兆。由於具有天蠍的固執與衝勁，適合軍事相關與研究人員。

織女星（Vega）

位於摩羯座 15 度 19 分。根據托勒密的說法，此星具有金星與水星的特質，帶來了藝術細胞，不過也可能帶來藝術家的不切實際與自命不凡的性格。在上升與天頂時則帶來成功、名望與財富。

牛郎星（Altair）

位於水瓶座 1 度 47 分，帶來了自信、勇敢與強壯，無比的雄心壯志，活在忠誠與榮譽中，卻也帶來了危險，像是流血事件等。

牛宿二（Deneb Algedi）

位於水瓶座 23 度 33 分，具有木星與土星的特質。雖然不是很強的一顆星，但如果在天頂時，可能帶來權威與公正的效應，

像是團體領導者或是司法人員。

北落師門（Fomalhaut）

位於雙魚座 3 度 52 分。相當有名的一顆恆星，帶來了名氣與才氣。象徵金星與水星的力量，也會帶來強而有力的幸運與善變性格，多半有利於從事藝術工作。

室宿一（Markab）

位於雙魚座 23 度 29 分，實際位置位於飛馬座，帶來了善於計算的頭腦、榮譽、財富，但同時也會帶來危險，容易受到武器或爆炸的傷害。

推薦參考書

《*Fixed Stars and Their Interpretation*》by Reinhold Ebertin

《*The Fixed Stars and Constellations in Astrology*》by Vivian E. Robson

《*Fixed Stars*》by Bernadette Brady

Fortuna
幸運點

「Part of Fortune」的簡稱。詳細內容參見詞條「Part of Fortune 幸運點」。

Fourth House
第 4 宮

第 4 宮對應黃道上第 4 個星座巨蟹座。傳統占星學認為，此宮與家庭、家族、根源有關，同時也與母親有關。心理層面上代表個人的情緒表達、情緒出口等。近代占星學認為第 4 宮與第 10 宮都可能代表父母的其中一方；而非傳統占星學則認為第 4 宮代表母親，第 10 宮代表父親。有時第 4 宮也可能代表父親而第 10 宮代表母親。在世俗占星學上，第 4 宮與人民、國土、反對黨、海洋漁業政策有關。

Fruitful Sign
多產星座

在面對與生育有關的問題時，時辰占卜占星學會將所有的水相星座視為多產星座，特別是當第 5 宮起點落入這些星座當中時，則對懷孕生子方面的問題是有利的。相對的，貧瘠星座分別是雙子座、獅子座、處女座。當牽涉到生育問題時，若占卜盤的第 5 宮落入這些星座，象徵生子的機率非常低。

Full Moon
滿月

　　每當太陽與月亮在黃道上相對，形成對分相時就是滿月的時刻。近代占星師認為，新月與滿月的能量強大，足以影響世俗與個人事件，因此常將新月、滿月時刻應用在流年的推測技巧當中。而滿月也是人文占星學的重要月相之一，此刻常是事件成果展現的階段。出生於滿月時刻的人較為客觀，擅長事物的傳播，個性上喜歡參考他人的意見；但當他人意見與自己的想法相左時，也容易引發內心衝突。

G

Galactic Centre
銀河中心

又稱「GC 點」。從地球的角度觀測，銀河系的中心位於射手座 26 度 50 分。占星師認為，任何行星或特殊點若與「GC 點」合相，都可能強烈發揮其特質。冥王星在西元 2010 年之前，都會與「GC 點」產生合相，其強烈的特質將影響世局的變動。

Galaxy
銀河

地球所處的太陽系正是銀河系的一部分。銀河（Galaxy）一字源自於希臘文的「Gala」，意思為牛奶（Milk），英文又稱銀河為「Milk Way」。在天空中，我們可以觀測到銀河如同一條銀色的絲帶

貫穿夜空。

Gate of Birth
生之門

古典占星學與神祕占星學中對於巨蟹座的稱呼。

Gate of Death
死亡之門

古典占星學與神祕占星學中對摩羯座的稱呼。

Gemini
雙子座

黃道上的第 3 個星座，變動的風相星座。在占星學中，雙子座具有溝通、媒介、傳遞、思考、兄弟姊妹、心理層面的意涵，代表自我與他人的溝通或心靈內外的溝通。雙子座的符號如同羅馬數字的 2（II），象徵著神話故事中代表雙子座的孿生兄弟。其守護星是水星。

Geocentric
地球中心

以地球作為觀測天體的中心點，目前絕大部分的占星師採取這樣的角度來繪製星圖，並進行星盤研究。繪製星盤時，多半會標示這張圖是採取地球中心或太陽中心的繪製方式，但也有部分

占星師採取以太陽為中心的觀點來研究占星學。相關內容參見詞條「太陽中心 Heliocentric」。

Gibbous Moon
凸月（上弦月）

指月亮與太陽之間的距角在135度～180度間所呈現的上弦月，突出而飽滿。現代占星師重視月亮與太陽之間的相位，同時藉由月相來描述一個人的人格特質或事件的狀態。凸月時刻是事物即將開花結果的重要時刻，在此階段將會面對一些調整與修正。

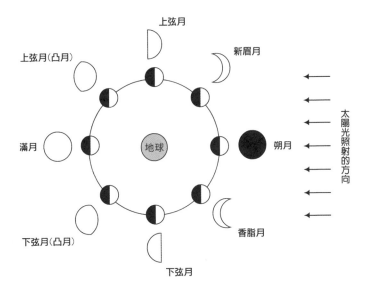

Glyph
符號

　　占星學上，繪製星盤時所用的專用符號稱為「Glyph」。例如：太陽用圓圈與中間一個點來表示，而月亮則以新月來表示。占星學的符號往往具有神祕學的符號意涵，例如：圓圈代表魂魄，弧形或新月型代表媒介與精神，而十字往往代表物質。

Goat
山羊

　　摩羯座的暱稱。詳細內容參見詞條「Capricorn 摩羯座」。

Grand Cross
大十字

　　當四顆以上的行星，分別占據同一性質（Quality）的星座且兩兩互形成對分相與四分相，就稱為大十字。又依據星座性質，可分為開創大十字、固定大十字與變動大十字。大十字的確會帶來許多困擾與衝突，特別是內在性格上的問題。這種人需要花許多力氣在人格整合上，在人生的道路上也比其他人有更多困難。大十字的位置通常落在四個屬性不同，性質卻相同的星座。

Grand Trine
大三角

大三角是占星學上常見的圖形相位，當三顆行星彼此間形成三分相時，就稱為大三角。大三角的相位圖形，暗示這三顆行星彼此接受，互相接納融合，通常替一個人帶來某方面的天賦，某些不需要努力就能夠發揮的東西。但缺點是，此人往往無法意識到自身在這方面的努力與天賦，或是容易滿足於自身在某方面的表現或滿足於現狀，容易產生懶散或對事情不太認真的態度。

G

大三角範例

Great Conjunction
木土合相

世俗占星學中,將木星與土星每 20 年一次的合相稱為「Great Conjunction」,並認為這個合相的星座度數,將暗示著未來 20 年社會發展的重點,而大約每 200 年,木星、土星 20 年一次的合相都會在同一個元素的星座,並依序根據四個元素作循環。最近一次的合相是公元 2020 年 12 月 21 日,木星、土星在水瓶座 0 度的合相。

Great Month
大月

在歲差的移動中,繞行完黃道十二星座稱為一個大年(Great Year),每經過一個星座稱一個大月(Great Month),大約是 2160 年。占星家相信,每一個大月都能帶來該星座與其對宮的時代特質。其中每個大月又以「時代」(Age)來稱呼,如同我們所熟知的「水瓶時代」(Age of Aquarius)。

Great Year
大年

在占星學演進的過程中,隨著宇宙觀不同,大年也有不同的定義。希臘時代認為,一個大年是 36000 年,每兩個大年組成一個循環;而今日大年的觀念則是根據春分點的歲差移動來計算。當春分點在歲差移動中繞行完黃道 1 週稱為一個大年,又稱作

「歲差年」（The Precessional Year），一個大年又大約是 25920 年。
目前占星學上通常習慣用「The Precessional Year」來稱呼大年，避
免與希臘時代或其他時代的大年觀念產生混淆。

Greenwich Sidereal Time
格林威治恆星時間

　　格林威治標準時間簡寫為 GMT（Greenwich Mean Time）。恆
星時間則是計算星圖的基準。目前絕大多數星曆的恆星時間，都
以格林威治恆星時間為主。詳細內容參見詞條「恆星時間 Sidereal
Time」。

G

Hades
黑帝斯

　　希臘神話中冥界的統治者，也成為漢堡占星學派所使用的虛星之一。代表不愉快的事物、錯誤、無用處的或是被人們深深遺忘的事情，也包含貧窮、貧乏、古老或被廢除的事情。

漢堡學派
Hamburg School

漢堡學派是現代占星學中的重要分枝。艾佛瑞・威特（Alfred Witte）可以說是此學派的重要領導者。在占星的思想上，艾佛瑞的研究受到克卜勒的影響很大。克卜勒一方面被尊崇為現代天文學重要啟發者，另一方面在現代占星學上也占有重要地位。科學與物理的觀念對占星學的影響，一直是艾佛瑞希望探討的。在他先前的著作中，他討論了行星的顫動，認為宇宙間的物質，包括行星與行星之間，都會受到這樣的顫動影響而產生波動。這個想法對 20 世紀的占星學產生莫大的影響。

一次大戰結束後，艾佛瑞開始在漢堡教授占星學。他的思想與研究從此開始擴散。西元 1925 年，艾佛瑞與一群在漢堡地區從事占星研究的占星師們，組成了「占星聯盟『漢堡學派』」（Astrologen-Verein "Hamburger Schule"）。這個組織就是漢堡學派的前身。一直到西元 1947 年「漢堡學派占星研究會」（Astrologische Studiengesellschaft Hamburger Schule E.V.）的成立，才奠定了對 20 世紀占星學影響深遠的漢堡學派。由此出發，艾佛瑞對占星學的看法，開始對歐美地區展開重大的影響。

原先艾佛瑞不斷研究克卜勒的占星看法，包括許多微相位的研究，但到後來，他放棄了這些思想，轉而開始研究行星中點

的影響。艾佛瑞認為，行星與行星間在黃道上的中點，以及某些角度上承受了較大了共鳴。這樣的想法也獲得另一位德國占星師萊恩霍德‧艾伯丁（Reinhold Ebertin）的認同。萊恩霍德在西元 1930 年發表了他的研究，將這樣的思想發揚。之後，漢堡學派的占星研究被帶到美國，受到許多占星學家的研究與探討，漸漸發展成為一門有系統的學習。其主要精神在探討宇宙之間的星體與生物的共鳴，也因此，他們稱這門科學為「宇宙生物學」（Cosmobiology）。其主要精神在於行星中點的研究，從這個觀點，發展出了 90 度星盤等革新技巧。

漢堡學派的重要貢獻，除了行星中點、90 度星盤外，還包括了「22°30′」這個角度的使用、新的分宮制「子午線分宮法」、赤道上升點的應用；或利用數學上的恆等式來討論、表示行星之間的關係，探討個人星盤上的敏感點以及太陽弧推運的使用等。更特別的是，漢堡學派在星盤上加入了八顆他們認為對於命盤觀察有助益的「超海王星系行星」，而這八顆行星並非真實存在著。

推薦參考書

《*The Combination of Stellar Influences*》by Reinhold Ebertin

《*Handbook of Techniques for the Hamburg School*》by Brummond & Rudolph

《*Uranian Astrology Guide Plus Ephemeris*》by Sylvia Sherman & Jori Frank-Manske

《*Rules for Planetary Pictures, The Astrology of Tomorrow*》by Alfred

Witte & Herman Lefeldt

《*Rapid and Reliable Analysis*》by Reinhold Ebertin

Hard Aspect
強硬相位

　　包括對分相、四分相、半四分相、八分之三相、十二分之五相，在現代占星學中稱為強硬相位。傳統占星學上，這些相位有凶相位的定義，但今日占星學家認為，強硬相位代表強大的能量，促使事件發生，卻不一定代表吉凶。

Harmonic Chart
泛音盤

　　英國占星學家約翰・艾迪（John Addey）所發表的占星技巧，其理論來自音波的共鳴特質。弦樂器會藉由不同的共鳴產生泛音。約翰・艾迪認為星盤的 360 度，也可以視為一個完整的波；藉由這個完整的波，尋找出不同倍數的泛音共鳴。而根據數字在西洋神祕學的特性，發展出了不同的泛音盤，也就是讓命盤產生不同層次的倍數頻率波動，3 倍、4 倍、5 倍直到 12 倍或更多。藉此，我們可以看出波動後的行星是否會移動到新出現的波峰與波谷，或改變與其他行星相對的相位。

H

Hayz（Haiz）
共性尊貴

　　又被稱作「Similitude」。在傳統占星學中，當一個行星在星盤中的半球、星座與自身特質相似時，會被視為吉利的象徵。詳細判斷參見「Sect 晝夜尊貴」。

Heliacal Rising
偕日升星

　　若恆星能被觀察且會出現「呈現及隱藏」（詳見詞條「Star Phasing 恆星週期」）的狀態，會在每年的某段時間消失在夜空當中，然後在某天的日出前再次「被看見」。這時這顆恆星就稱為偕日升星，直到另一顆恆星結束其呈現及隱藏的狀態，然後輪到它被觀察到並取而代之。在同一個緯度上，每一年的偕日升星出現的日子大約相同。在巴比倫的占星中，偕日升星象徵先天背景與環境的描述，也象徵著天賦。

　　今日天文學與一些占星師在描述偕日升星時，不會考慮該恆星是否會經歷呈現及隱藏的狀態，而直接將在太陽升起前出現在天空中的恆星稱為偕日升星。

Heliacal Setting
偕日降星

　　若恆星能夠被觀察到且會出現「縮短通道」（詳見詞條「Star Phasing 恆星週期」）的短暫拱極現象時，在這恆星結束縮短通道週期時，會開始在日出前落下並接觸地面，並被稱為偕日降星。在詮釋上，它象徵著人們必須透過人生歷練去學會的主題。

Heliocentric
太陽中心

　　大多數的占星圖是以地球為中心作為觀測計算的標準，但也有少數占星師會研究以太陽為中心的星圖，故會在星圖製作時標示「Heliocentric」，與一般星圖的地球中心「Geocentric」作為區別。「Helios」是希臘神話中的太陽神，後來為阿波羅取代，但在希臘文當中，「Helio-」一詞仍被用做「太陽的」字根。

Heliocentric Astrology
太陽中心占星學

H

　　研究以太陽為中心作為計算觀測標準的占星術。其多半使用恆星黃道而非回歸黃道，並且星盤上會出現地球，而沒有月亮、太陽的符號。其占星的基礎立論與一般占星學有顯著的不同。

Heliocentric Chart
太陽中心星圖

　　以太陽中心作為觀測基準所繪製的星圖。大多數的占星師不會使用這樣的圖，因為太陽中心占星學的解釋與一般占星學有所不同；但有部分的占星師在研究地球上的世俗事件（特別是氣候與經濟問題）時，會參考以太陽為中心的太陽中心圖，來觀測行星之間的關係對地球的影響。

Hemisphere
半球

在占星學中，星圖當中任何 180 度的軸線拉起時都可以將星盤分成兩個半球，但觀測時，常以上升點和下降點、天頂和天底這兩條軸線將星盤分成上半球、下半球（依據上升、下降軸線），以及東半球、西半球（天頂、天底軸線）。

時辰占卜占星學（卜卦占星學）
Horary Astrology

　　時辰占卜占星學是占星學中一門深奧的技巧。在中文譯名上，常被翻譯為「卜卦占星學」或是「時間占星學」。無論哪種翻譯方法，我們都可以看出這門學問與時間的占卜息息相關。你知道從托勒密之後，種子時刻的觀念引起了出生圖與時辰占卜的紛爭嗎？從占星學歷史中，我們可以看到學習時辰占卜占星學的占星師，與重視出生圖的占星師們，分別持著兩種不同的意見。這樣的分歧雖然到今天仍然存在著，但大部分的占星師反而傾向兩種都學、兩種都看。當有人來尋求占星師關於命運的問題時，多半使用出生圖（事實上光用時辰占卜也可以回答問題），而針對問題時傾向用時辰占卜法。

　　時辰占卜占星學一直存在著，在歷史上甚至與出生圖有著抗衡的地位，占星學也因兩者而發光發熱。歷史上，最著名的時辰占卜大師就是威廉・禮尼（William Lilly）。他不但預測過許多次的事件，也將他的占卜法寫成了《基督教占星學》（*Christian Astrology*）一書。此書成為後世學習時辰占卜法的經典。在威廉・禮尼之後，由於信仰與宗教的問題，時辰占卜法被埋沒了好一段時間。特別是從 20 世紀開始，學習出生圖的占星師們，不斷借用心理學的詞彙與論點，甚至思想來豐富其解釋，或披上科學的外衣。時

辰占卜占星學仍因其神祕主義的色彩，被排擠在一旁，被認為是
迷信。

　　直到西元 1984 年，英國占星師奧莉薇雅‧巴克利（Olivia
Barclay）重整時辰占卜占星學。她有系統地教授時辰占卜占星學
並授予學位。整個學程大約需要 2 年的時間，通過資格認證之後
才可以向職業占星師協會（APA）註冊，成為「資格認可時辰占卜
占星師」（Qualifying Horary Practitioner），簡稱「QHP」。也有其他
學院授予兩階段的學位，分為兩個等級：第 1 階段為傳統占星師
資格（CTA），第 2 階段為傳統占星師文憑（DTA）。部分的英國占
星師，同時有出生圖占星師與時辰占卜占星師的資格，但並非每
一位占星師都必須擁有同樣的文憑與資格。

　　在今日，時辰占卜占星學已經與擇日占星學、世俗占星學結
合在一起。除了解答問題之外，還用來幫人選擇適當的成立日期
或結婚日期，甚至用來解讀政治或預測世間的發展等。在此容我
簡單介紹時辰占卜占星學的一些基本法則，希望對於有興趣的占
星研究者有所幫助。

1　時辰占卜法的基本概念

　　時辰占卜占星術的基礎與傳統占星學相似，占星圖的繪製方
式也相同。一般的占星圖取決於個人的出生時間，但時辰占卜的
時間、地點，則取決於問題被提出的時刻與占星師所在的地點。
如果詢問者親自拜訪，那麼我們會依照提出問題的時間，來繪製
一張時辰占卜圖；如果是採取通信的方式，則視占星師打開郵

件（電子郵件）的時刻。記住，一個問題只能問一次，在事情發生新的變化前不能問第 2 次。

時辰占卜法的宮位劃分與代表意義

　　一般來說，繪製時辰占卜圖的法則與出生圖的法則相似，但許多時辰占卜占星師在繪製占卜圖時，仍採用先前提到的芮久蒙塔努司宮位制（Regiomontanus House System）。這點許多教授時辰占卜占星的老師都相當強調，所以當你在使用時辰占卜占星圖時，別忘記將你占星軟體中的分宮法，改成芮久蒙塔努司宮位制。宮位的代表意義不變，第 1 宮是指詢問者，第 2 宮指的是金錢等，必須熟記這樣的概念；而宮位三分法的起始宮（1、4、7、10）、承續宮（2、5、8、11）、下降宮（3、6、9、12）的概念也要記住。

時辰占卜法的行星界定與吉凶區分

　　時辰占卜占星術有許多的規則必須去理解或死記。和解讀出生圖的傳統占星學、近代的心理占星學、漢堡學派不同的是，時辰占卜占星學的規則很死，非黑即白，無法改變。行星分成所謂的吉星、凶星，天王、海王、冥王等現代行星，則很少被考慮在卜卦占星學的問題當中。

　　這點對大部分用心理詞彙來解讀出生圖的占星師來說，會很不習慣。除了月亮因代表詢問者之外，太陽、金星、水星、木星就是吉星，火星與土星就是凶星。天王星、冥王星在世俗占星

學中都代表動亂、混亂；海王星則具有類似金星的效應卻被視為不吉不凶，但大部分的卜卦占星師不使用天王星、海王星及冥王星。至於其他包括南、北交點也必須被注意。北交點代表幸運，南交點代表不幸。而阿拉伯點當中有幾個點，常被拿來使用，例如幸運點（特別當問題與金錢、財產有關時）、精神點（晚上出生者的幸運點）、婚姻點等。

時辰占卜法的行星吉凶

吉星	凶星	其他
太陽、金星、水星、木星	火星、土星	月亮：代表詢問者
		北交點：代表幸運 南交點：代表不幸
		天王星、海王星、冥王星：較少納入考量

時辰占卜法的相位界定

　　正面相位與負面相位的界定也很分明。不像現代占星學，認為負面相位具有刺激的作用，在時辰占卜法中，負面相位就是凶相位，甚至沒有其他吉相位可以改變。合相的吉凶視行星而定，一旦與凶星結合就是不吉利。如果代表詢問者與被詢問者的行星（將在後面解釋如何界定）成合相，則表示對事情有吉利的發展，兩人的目標一致或適合結合。而三分相屬於幸運的角度，代表時機與機會；六分相同樣代表機會，但必須此人付出努力來爭取；半六分相則表示不順利的吉相位（吉中藏凶）。

　　四分相代表緊張、壓力與事情的困難；對分相代表分離、失

敗、困難與不信任。特別當代表詢問者的行星有許多對分相時，他多半不會聽從占星師的解釋與預測。至於其他的小相位則很少被使用。而十二分之五相更需要小心注意，象徵一種被低估的狀況，有時甚至代表疾病與死亡。

時辰占卜法的相位吉凶

吉相位	凶相位
合相：對事情有吉利的發展	四分相：緊張、壓力、困難
三分相：代表時機與機會	對分相：分離、失敗、困難、不信任
六分相：代表機會，但必須此人付出努力來爭取	十二分之五相：象徵一種被低估的狀況，有時甚至代表疾病與死亡
半六分相：不順利的吉相位（吉中藏凶）	

　　時辰占卜法的相位容許度判斷，和出生圖不同。行星與行星間的相位並不是由相位本身的大小來決定，而是由行星的影響力以及行星移動速度的快慢來決定。首先要釐清正相位、出相位與入相位的概念。正相位是指兩顆行星形成相位的角度相同，沒有太大的誤差；如果相差 1、2 度又叫作「緊密相位」。而入相位就是指兩顆行星中移動快速的行星正接近與另一顆行星，形成相位的位置。也就是說，相位已經在容許度中且將要形成正相位。出相位則是指移動較快速的行星離開正相位，且慢慢地遠離。通常正相位代表事情將要發生，出相位則代表狀況即將消失。

　　將兩顆行星的容許度除以 2，就是這兩顆行星形成相位的容許

值。土星與木星 10 度（左右 5 度），火星、金星、水星 6 度（左右各 3 度），太陽、月亮 16 度（左右 8 度）。例如：要判斷火星是否和月亮形成相位時，就要將 16＋6＝22 除以 2，等於 11 度，再將這 11 度除以 2，表示左右各 5.5 度的範圍才會受到影響，除此之外將完全不受影響。

行星之相位容許度

行星	度數	行星	度數
太陽	16°	火星	6°
月亮	16°	木星	10°
水星	6°	土星	10°
金星	6°		

黃道上的重要位置

在時辰占卜法中，黃道上的 12 宮並沒有多大的改變，但要記住之前所提到的恆星位置所帶來的影響，特別是與命運、吉凶、健康、死亡、婚姻等問題，以及注意所謂的緊密度數的位置。這一點將在下一小節中作詳細說明。這些特殊位置，讓時辰占卜法的解釋增添了更多困難度。

2 時辰占卜法的判讀基礎

時辰占卜法的法則大多細膩且繁瑣，在此舉出一些重要的法則：

（1）必須判斷這是否是一張能夠被解讀的圖，這是解讀所有時辰
　　占卜的第 1 條黃金律。在出生圖中，所有圖都能夠被解讀，
　　但在時辰占卜中，可能會有許多跡象顯示這張圖就算解讀也
　　是無效。

- 當出生圖的上升星座度數為 0 ～ 3 度，多半表示問這個問
　題還太早了，無法做出判斷，必須等待事情進一步發展，
　才能利用時辰占卜法來判讀這個問題。

- 當出生圖上的上升度數是 27 ～ 30 度時，也會是一張無法
　被解讀的星圖，但代表此圖所問的問題為時已晚，事情的
　發展已經確定且很難改變。在 27 ～ 30 度時有一個例外法
　則，就是詢問的人如果正好是 27 ～ 30 歲，那麼這張圖就
　具有意義，可以解讀。

- 當土星在第 7 宮時也不能判讀。有趣的是，第 7 宮多半代
　表占星師本人。當土星在第 7 宮時，暗示占星師的狀況不
　佳，不適合判讀。當然這個規則有兩個例外，第 1 個例外
　是占星師本人的太陽或上升是水瓶座或摩羯座，則視為正
　常；第 2 個例外是此人問的問題與第 7 宮有關（婚姻、法
　律問題），且他合的對象其中一方（妻子或關係人）正好是
　摩羯座或水瓶座。有些占星師甚至在上升星座為摩羯座或
　水瓶座時，也列入不判讀的星圖之一，但這樣的說法見仁
　見智。

- 如果月亮到離開一星座前沒有和任何行星產生相位，這張
　圖也不能被判讀。這種狀況在傳統占星學中稱為「月無

相」（Moon Void of Course）。占星師認為，這段時間月亮失效，又有人翻成「月亮空亡」。在傳統占星學中，月無相象徵代表月亮的詢問者無法與他人產生互動，所以此時判讀星盤將不具效力。

- 當月亮經過黃道上的燃燒區（Via Combusta），這張星圖也不能判讀。燃燒區是指天秤座 15 度到天蠍座 15 度。傳統的時辰占卜占星師認為，這個區域象徵不吉利。除了月亮外，如果有凶星進入也代表生病、意外傷害的發生。

- 也有占星師認為，如果月亮在 27 ～ 30 度時，不適合判讀這張星盤。因為這代表此事仍有太多變化，且通常詢問者無法主導或參與這樣的改變。

（2）在時辰占卜法中，判定詢問者的代表行星是一件相當重要的事，這將影響整個盤的解釋。通常月亮代表詢問者，但也不能忽略上升星座的重要性。上升星座的守護星同樣也代表詢問者，兩者同樣重要。除此之外，也必須注意在時辰占卜中須使用傳統行星，也就是太陽到土星的守護。所以近代規範的水瓶座由天王星守護，必須改為土星，天蠍座須由冥王星守護改回火星，雙魚座則由海王星守護改為木星。再次強調，在個人問題的範疇中，天王、海王、冥王只代表環境與世代的影響。例如：當問題被提出時，若上升星座在牡羊座，則火星與月亮會成為詢問者的代表；如果上升星座在雙魚座，則木星與月亮會成為詢問者的代表。

（3）與上升點合相的行星，代表這個人的思考特質與行為。例如：
　　若金星在上升點附近，代表這個人對這個問題持溫和且偏向
　　樂觀的看法。

（4）須決定與問題相關的宮位，並尋找象徵星。這點必須特別注
　　意，因為這將影響占星師的判斷是否正確。

- 如果問題僅與詢問者有關，例如：我該不該買這間房子？
　此時與房子有關的第4宮就是關注的重點。

- 當提問與他人有關時，第1宮仍代表詢問者，相關人則必
　須由兩人的關係來判斷。例如：一位妻子來詢問關於丈夫
　的事情，此時這張圖的第7宮代表丈夫，而第7宮的守護
　星則代表「被詢問人」。若一位姊姊來詢問關於妹妹的事
　情，則該圖的第3宮代表妹妹，而第3宮星座起始點的
　守護星則代表姊姊。依此類推兄弟姊妹、同學鄰居為第
　3宮，子女為第5宮，父母為第4宮，伴侶、同事為第7
　宮，部屬為第6宮，上司為第10宮。

- 如果不屬於上述這些關係，通常可以用第7宮代表。例如：
　某人想知道對方是否在欺騙他，而此人與對方卻處於平等
　的位置，則以第7宮代表，而第7宮的守護星就代表此
　人。要注意的是，占星師們不能用這樣的圖回答與詢問人
　關係太遙遠的問題，例如：某人來問下一屆美國總統會是
　誰？這時面對這樣的問題，我們必須以其他的圖來回答，
　例如該年的春分圖、美國的出生圖，或是接近選舉的牡羊

座 0 度圖。

- 如果問題與他人的生活有關，則必須以代表對方的宮位為第 1 宮，然後找出相關聯的宮位。例如：一位媽媽詢問女婿的合夥投資是否會賠錢？那麼，我們得先找出女兒的宮位為第 5 宮，以此為第 1 宮，再找出第 7 宮代表女婿，也就是原本星圖上的第 11 宮。這時候，再從第 11 宮開始，找出代表合夥投資的第 8 宮與此宮的守護星來判定吉凶。這樣的過程看似複雜，其實不難。

- 當月亮同時代表詢問者與被詢問者時，傳統的時辰占卜法通常會讓月亮代表被詢問人，將上升星座的守護代表詢問人，不過月亮仍能提供某些關於詢問人的資訊。這種情況通常發生在一位爸爸來問與他女兒有關的問題時，其上升星座在雙魚座，而代表女兒的第 5 宮落在巨蟹座。如此一來，月亮本身既具有詢問人的特質（那位父親），但同時也代表那位女兒。這時，占星師必須放棄原本的設定，改由代表雙魚座的木星來代表這位父親的象徵星（詢問者），讓月亮能夠成為代表女兒的象徵星（被詢問者）。

（5）當一個問題被提出時，我們通常會注意與這個問題相關的行星，那就是月亮；接著注意代表詢問者與被詢問者的象徵星；最後是與此問題有關的象徵星。就如同前個問題好了。父親來問女兒的愛情，上升星座是雙魚座，所以木星是父親的象徵星，第 5 宮是巨蟹座，所以月亮會是女兒的象徵星，而女

兒的愛情就必須從女兒的第5宮，也就是命盤上第9宮的星座來代表。如果是天蠍座，則火星與這件事也有關聯。當然，也不能忽視該宮當中的行星所給予的提示。此外，一般象徵愛情的金星當然也與這張圖有關，不可忽略它提供的小小資訊。

最後，必須注意與這些行星形成相位的行星所代表的意涵。例如：木星是否帶來好運？土星是否帶來厄運？至於其他行星，就可以排除在外（通常剩下不到幾顆），但為了避免太複雜的圖影響我們的判讀，無論這些行星之間形成多麼重要的相位，一旦它們沒有和問題相關的行星產生連結，就不用去注意。

案例

　　一位母親前來詢問，女兒是否能考上大學，並應該選擇哪個科系。當一位占星師拿到女兒的出生圖時（如下圖），必須先檢查這張圖是否符合判讀標準，也就是上升點的度數是不是在0～3度或27～30度（此圖的上升點在天秤座19度）。之後，判斷月亮是否在燃燒區或在27～30度。這張圖的月亮在巨蟹座21度，所以沒有問題。接著，再判斷土星的位置是否在第7宮，這張圖並沒有（對摩羯座或水瓶座的占星師來說，就算有也沒有影響，而我就是其中之一）。

　　驗證完此圖符合判讀標準後，我們就要開始界定詢問者在這張圖中的象徵星。上升點在天秤座，所以金星和月亮代表詢問者（這位母親）的象徵星，而女兒則由土星代表（第

5宮在水瓶座）。再來要找出代表女兒系所的宮位。我們知道，研究、學問與大學由第9宮代表，因此須從第5宮開始，將之當作上升點來找出第9宮。如此一來，便回到這張圖的上升點天秤座。這時金星成為這張圖的關鍵，也可以讓它脫離這位母親的象徵關係，那麼代表母親的就只有月亮了。

　　詢問者象徵星　＝金星、月亮
　　被詢問者象徵星＝土星
　　問題象徵星　　＝金星

　　接下來，我們來判斷與這個問題有關的行星。首先，水星掌管思考與學習，必須被納入考量，而與金星產生相位的行星，也都必須考慮。這時我們發現，金星與水星產生了六分相，與太陽產生半四分相，與火星產生合相，與冥王星產生對分相，與海王星產生三分相（由於是現代行星，在卜卦占星學的問題中，我們對它們的影響力持保留態度）。接下來，象徵女兒的土星與太陽、木星、北月交都形成了六分相。月亮則與水星形成四分相，與木星形成半四分相。所以在這張圖中，代表女兒的土星與女兒系所的金星是我們關注的焦點，月亮的相位是我們該注意的事情發展，而水星提供了相當程度的資訊，但卻不是焦點。

　　關於是否能夠順利進入大學這件事情，我們注意到金星與水星的六分相，表示有這樣的能力；與火星合相則代表在

考試時因匆忙而發生的錯誤,使得考試結果並不如預期中完美。代表女兒的土星並沒有受到負面相位的影響,可是月亮卻連續受四分相與半四分相影響。我們可以猜測,考試的壓力也使得她有不好的表現。特別在這裡,母親所給予的壓力被突顯出來。

在這個問題中,代表女兒的上升點附近(原本的第5宮)有海王星。雖然不是傳統行星,但提供了一個小小暗示:宗教、藝術、哲學可能是這位女兒有興趣的目標。而屬於女兒的第9宮起點(就是這張圖的上升點)落入了天秤座,與法律、哲學、藝術都有關係,可見這位女孩選擇的範圍可能在文、史、哲、藝術方面。

3 時辰占卜法的特殊規則

　　在這裡我們無法一一介紹如何詳細判讀時辰占卜圖，但只要熟知傳統占星術對行星宮位、相位的定義，以及時辰占卜法的基本法則和判斷基礎，就能開始練習時辰占卜法。不過，還是有許多時辰占卜法的特殊規則，不可忽略。這些規則都是以前的占星師們傳承下來的經驗。了解這些事，將會對你在時辰占卜的準確度上有莫大幫助。

（1）月亮的角度以及即將出現的角度，代表事情所產生的變化：
　　在時辰占卜法中，月亮占有相當重要的影響力，不僅代表被詢問者，也代表事情的「變化」。當月亮本身與凶星（火星、土星、天王星、冥王星，後兩者也可以不考慮）形成凶角（對分相、四分相、半四分相），表示事情處於不利的狀況）。但我們還必須判斷，月亮接下來將會形成的相位，以及直到它離開這個星座前的最後一個相位，來判斷未來的發展。通常，如果月亮在離開這個星座前的最後一個角度，是與吉星產生正面相位，表示事情可以有好的發展。如果月亮接下來的相位是凶相位，特別是與凶星產生負面相位，那麼事情的發展趨向負面。這時，如果月亮離開此星座前最後一個角度是好的，那事情還有希望好轉；反之，事情只會惡化。

（2）須判斷行星的強勢、弱勢：我們必須判斷詢問者和被詢問者的象徵星，還有月亮的強勢、弱勢。如果兩人的行星處於弱勢，

那麼事情的發展是不利的；如果事情是關於雙方的競爭或交涉，則可藉由哪一方象徵星較強，而判斷對誰有利；或是當問題關乎某個人的健康或狀態時，他的象徵星強弱也暗示著事情的好壞。

（3）須以傳統行星的強弱來判斷：行星的強弱已在前述提過，在此只針對傳統行星再說明一次。當象徵星位在守護星座或強勢星座時，對於事情或此人有利；而在下降星座與弱勢星座時則對此人不利。

傳統行星的強弱判斷

行星	守護星座	下降星座	強勢星座	弱勢星座
太陽	獅子座	水瓶座	牡羊座	天秤座
月亮	巨蟹座	摩羯座	金牛座	天蠍座
水星	雙子座／處女座	射手座／雙魚座	水瓶座	獅子座
金星	金牛座／天秤座	天蠍座／牡羊座	雙魚座	處女座
火星	牡羊座／天蠍座	天秤座／金牛座	摩羯座	巨蟹座
木星	射手座／雙魚座	雙子座／處女座	巨蟹座	摩羯座
土星	摩羯座／水瓶座	巨蟹座／獅子座	天秤座	牡羊座

（4）十度法（Decanate）：傳統的時辰占卜法中還有一種十度法，用來觀察行星的強弱，或是找出同樣對事情有影響的行星。

也就是每個星座的前 10 度（0～9）由本身的守護星掌管，例如：牡羊座的 0～9 度由牡羊座和火星掌管；第 2 個 10 度（10～19）由下一個同樣元素的星座和它的守護星掌管，例如：牡羊座的 10～19 度就由同元素的下一個星座獅子座和它的守護太陽掌管；第 3 個 10 度則由同元素中第 3 個星座掌管，例如：牡羊座的 20～29 度就由射手座和木星來掌管。再舉個例子，某次占卜中金星是象徵星，且金星走到水瓶座的 25 度。因為水瓶座的 25 度是由天秤座和金星守護著，所以這時這顆金星的力量就被增強了。這個方法有時也可以判斷上升點的共管行星，例如：上升點在處女座的 18 度，我們知道水星是詢問者的象徵星，但也可以用十度法，找出處女座下個同元素的星座是摩羯座，而守護摩羯座的土星也可能為這個問題提供暗示。

十度法列表

星座	0～9 度的守護	10～19 度的守護	20～29 度的守護
牡羊座	牡羊座／火星	獅子座／太陽	射手座／木星
金牛座	金牛座／金星	處女座／水星	摩羯座／土星
雙子座	雙子座／水星	天秤座／金星	水瓶座／土星
巨蟹座	巨蟹座／月亮	天蠍座／火星	雙魚座／木星
獅子座	獅子座／太陽	射手座／木星	牡羊座／火星
處女座	處女座／水星	摩羯座／土星	金牛座／金星
天秤座	天秤座／金星	水瓶座／土星	雙子座／水星
天蠍座	天蠍座／火星	雙魚座／木星	巨蟹座／月亮
射手座	射手座／木星	牡羊座／火星	獅子座／太陽

摩羯座	摩羯座／土星	金牛座／金星	處女座／水星
水瓶座	水瓶座／土星	雙子座／水星	天秤座／金星
雙魚座	雙魚座／木星	巨蟹座／月亮	天蠍座／火星

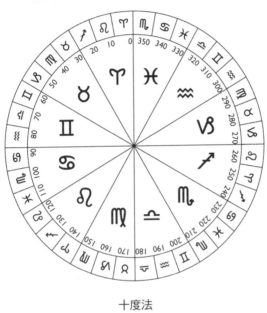

十度法

（5）日曆法（Face）：與上個法則類似，但是這個法則較少人聽過。
　　它的規則較為奇怪，是從牡羊座 0～10 度開始，每 10 度為一
　　個區域，分成 36 區，再將這 36 區依照火星、太陽、金星、水
　　星、月亮、土星、木星的順序排列，木星之後又從火星開始循
　　環。也因此牡羊座的第 2 個 10 度的守護仍是太陽，但是第 3 個
　　10 度則是金星；而金牛座的第 1 個 10 度的守護則成為水星。
　　這個方法較少人使用，但仍可作為參考，判斷行星的強弱。

日曆法列表

星座	0～9度 的守護	10～19度 的守護	20～29度 的守護
牡羊座	火星	太陽	金星
金牛座	水星	月亮	土星
雙子座	木星	火星	太陽
巨蟹座	金星	水星	月亮
獅子座	土星	木星	火星
處女座	太陽	金星	水星
天秤座	月亮	土星	木星
天蠍座	火星	太陽	金星
射手座	水星	月亮	土星
摩羯座	木星	火星	太陽
水瓶座	金星	水星	月亮
雙魚座	土星	木星	火星

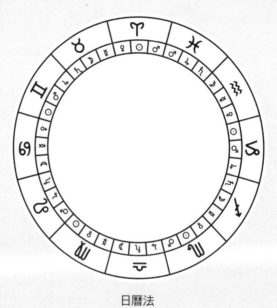

日曆法

（6）行星是否被包圍：行星強弱的判斷同時還受許多不同的影響。例如：如果某顆行星同時被火星與土星夾在中間，那麼這顆行星形同被「包圍」了。這時，這顆象徵星所代表的事情就處於負面的狀態。

（7）注意特殊位置——南北月交、恆星、緊要度數、幸運點與其他阿拉伯點：

- 在時辰占卜占星學中，必須注意南北月交的位置。在心理占星學或現代占星學眼中，我們盡量減少南北月交的正負面效應，但是在時辰占卜中無法這麼做。就如同在時辰占卜中我們沒有辦法說土星代表學習和考驗，他就是代表「厄運、陷阱、壞人」，不能作其他的解釋。

- 在時辰占卜法中，北月交點如果與上升點、天頂或象徵星形成合相，則象徵好運，事情可以獲得掌控或趨向好的發展。而南月交則有類似土星的厄運效果，但必須與上升、天頂、象徵星產生合相。一般來說，南北月交的其他相位不列入考慮。

- 恆星會對時辰占卜的星圖產生重要影響，特別當恆星與上升點或天頂結合的時候。特別是在觀測政治占星學與世俗占星學的星盤時，恆星通常會發揮很大的作用，但仍有些占星師不考慮恆星的影響，而在觀察出生圖時也很少使用恆星。

- 在時辰占卜法中，緊要度數扮演著重要的角色。當占星大師哈馬克‧宗達（Hamaker-Zondag）所著的《*Handbook of*

Horary Astrology》當中提到，緊要度數源自印度占星術中的
月亮二十八宮位。事實上，印度占星術將黃道劃分成二十
七個宮位，不過仍可證明這個概念被時辰占卜法的占星師
借用過來。從牡羊座0度開始，每12度51分25秒劃分一
個宮位，於是產生了28個區段，分別是：

開創星座（白羊、巨蟹、天秤、摩羯）的
0°
12° 51′ 25″
25° 42′ 50″

固定星座（金牛、獅子、天蠍、水瓶）的
8° 34′ 15″
21° 25′ 40″

變動星座（雙子、處女、射手、雙魚）的
4° 17′ 05″
17° 08′ 30″

而經過歷代的改變，又將這些度數簡化為開創星座的0
度、13度、26度，固定星座的9度與22度，變動星座的
5度與18度。並且有1度左右的容許值，畢竟這些簡化
的度數並非原本的度數。當象徵星，特別是月亮在緊要度

數時，通常暗示事情有了危機，這一點必須注意。但也有占星師認為緊要度數象徵敏感位置，表示事情的發生與變化，特別當月亮或象徵星經過時，將會帶來緊張。在傳統占星術中，這些重要的點也用來解讀在出生圖上象徵特別敏感的位置。當流年的行星過運或是推運圖中的行星經過時，就會產生事件的發生。

• 另外，對於象徵星與月亮來說，有兩個重要的度數必須注意，一是 0 度，也就是所有星座的開端。除了上升點外，如果月亮與其他象徵星在 0 度時，表示事情進入全新的開始。另外一個度數是 29 度，當月亮或象徵星位於 29 度，象徵即將進入下一個星座，這時暗示著整件事情會有重大改變。特別當月亮或象徵星進入強勢宮位時，代表事物好轉；當月亮或象徵星進入弱勢宮位，代表事物惡化。此外，每一宮的 15 度暗示事情的穩定，特別當上升或象徵星位於這些位置的時候，可以作此解釋。但如果是詢問一個糟糕的狀況是否會持續下去，那麼 15 度就顯得不妙，暗示狀況的持續；如果是詢問互動的狀況，而月亮與象徵星落在固定星座 15 度，那就表示事情僵化，無法產生變化。

• 先前我們提到的阿拉伯點，在時辰占卜中仍被使用，特別是幸運點，不過它真正被使用的機會不多，多半只有在與金錢有關的時候。其次是婚姻點，至於疾病點與死亡點有些時候會被提出來。必須注意的是，在時辰占卜的觀點中，阿拉伯點的影響效果甚至低於北月交。

（8）解讀象徵星的相位：在時辰占卜法中，行星的相位有著重要
的暗示，特別是詢問者與被詢問者的象徵星。當象徵星彼此
間形成相位時，但表兩者已經展開接觸；反之，如果月亮與
任何一顆象徵星處於無相位，那麼月亮代表的人將不會採取
任何行動。這也是為什麼當月亮處於失效的無相位時，根本
無法解讀那張圖。

- 當事情牽扯到詢問者與被詢問者兩人的關係或問題時，諸
  如結婚、交易、談判、爭執等，要注意兩顆星的相位。例
  如：他會答應我的求婚嗎？我能不能買這個人的房子呢？
  像這樣牽扯到兩人互動的問題，如果兩顆行星之間沒有相
  位，則協議很難達成；如果是合相或三分相，就會有好的
  結果；如果是對分相或四分相，那我們幾乎可以判定出局。

- 除了上述內容，也要注意行星的互融，這點粗心的占星師
  常常會忘記。當兩顆行星交換其守護星座的時候，我們稱
  為互融（Mutual Reception，詳細內容參見同名詞條）。在時
  辰占卜法中，互融可以視為合相，原本弱勢的行星更可藉
  由互融而獲得力量。除此之外，如果互融的正好是詢問者
  與被詢問者象徵星，那麼整件事情將呈現有利的發展。在
  沒有負面相位干擾下，雙方可以有良好互動並達成協議。
  如果詢問者或被詢問者的象徵星與另一顆行星產生互融，
  也可以代表會有第三方勢力介入，可以透過他達成斡旋。
  當然，如果互融的其中一顆行星有非常糟糕的相位，那就
  根本發揮不了作用。

- 要注意在兩顆行星形成三分相或合相時，是否產生分離相位，也就是它們在不同元素中，暗示互動性有些弱。
- 當詢問者與被詢問者的象徵星出現吉利的入相位時，表示兩人正要達成共識。當兩顆行星間出現了出相位時，表示兩人已經接觸過了，但似乎對問題的幫助不大。
- 當兩顆象徵星沒有產生相位時，表示兩人尚未取得共識，或是兩個人並沒有接觸。這時占星師必須注意是否有某顆星（通常是快速的內行星，最常見的是月亮）與此兩顆象徵星在時間上一前一後地產生相位。
- 注意是否有「光的轉移」（Translation of Light）形成。舉例來說，金星與火星分別代表詢問者與被詢問者。原本兩星沒有連結，但這時水星（或月亮）在未來的移動中先與金星產生相位，緊接著與火星產生相位，這時光的轉移就形成了。這個轉變暗示著會透過第三者的幫忙，替兩人達成協議。也要注意，在轉移中這個第三者必須先後與兩顆象徵星接觸。如果先是與金星產生相位，但後來遇到了木星，再與火星產生相位，就表示事情又多轉了一手，影響的效力可能不佳，甚至帶來更多變數。

(9) 解讀行星逆行：在時辰占卜中，行星逆行有相當特殊的解讀方式。一般來說，逆行如同失效，特別是吉星逆行無法發揮效力，而凶星逆行則會使情況更加糟糕。須特別注意該行星是處於逆行中，還是靜止不動。當行星要改變運行

方向時（開始順行或開始逆行前後），會有一段時間靜止不動（Stationary）。我們必須翻開星曆，察看這顆逆行的行星是否處於靜止狀態，特別是木星、土星容易處於這種狀態很長一段時間，如果處於靜止狀態，表示此人（詢問者或被詢問者）不願意接受改變。

- 但在一些特殊問題上，如果象徵星逆行，可能有不同的暗示，例如：正在尋找遺失的物品，或是離家出走。若被詢問者、詢問者，或該物品的象徵星呈現逆行時，就表示他們會被找回，或是他們會回家。同樣的方法也可用來判定有外遇的丈夫或分手的情人是否願意回頭。

- 逆行的象徵星如果指的是事件的話，很可能代表事情會回到舊的狀況。至於是什麼樣的狀況，就只有詢問者知道了，通常對於新發展相關的問題不利。如果問題是關於舊情人或外遇丈夫是否回頭，那麼象徵星或金星的逆行，就代表會回頭；反之，如果是詢問一段剛發展的友情是否能更進一步，那麼逆行的象徵星與逆行的金星就可能是否定。通常逆行也暗示象徵星的那一方不願意接受新的變化。若是在固定星座，則新的變化可能會被取消。

- 逆行的象徵星如果是被詢問者，暗示著兩種可能，第一，問問題的人並沒有對占星師解釋清楚狀況，通常有所隱瞞，這時占星師無法做全面的判斷。第二，這個被詢問者的想法與行動被壓抑了。通常我們可以藉由逆行象徵星所在的宮位來判斷到底是什麼事情沒有被告知，或是被壓抑著。

4 時辰占卜法提示的時間與方位

經過長時間的發展與研究，時辰占卜法有一套方法，可推測事情發生的時間，及尋找與事物相關的方位、地點、距離。

（1）以時辰占卜法推論時間：

先找出象徵詢問者的行星或月亮，看何者最有可能和被詢問者的象徵星（或事件有關的象徵星）在未來發生相位。如果月亮或象徵星在離開此星座前，接下來沒有任何相位將形成，恐怕表示這件事情的時間我們無法預測。

接著，找出月亮（或詢問者象徵星）與被詢問者象徵星（或事件象徵星）形成下一個相位所需要的度數。例如：月亮在雙子座 2 度，與位在獅子座 10 度的被詢問者的象徵星，形成下個相位（六分相）的距離為 8 度。

最後，利用下表找出該詢問者象徵星（或月亮）所在的星座性質與宮位，來推算時間。

以時辰占卜法推論時間

星座性質	角宮	承續宮	下降宮
宮位位置	1、4、7、10	2、5、8、11	3、6、9、12
開創星座	幾天（小時）	幾週	幾個月
變動星座	幾週	幾個月	幾年
固定星座	幾個月	幾年	數年（非常漫長）

　　就用剛剛的例子。如果月亮的位置在第 10 宮，雙子座 2 度與被詢問者的象徵星距離下一個相位有 8 度，那麼我們須找出表格中變動星座與第 10 宮的交會（月亮的位置），顯示出多少週。而距離度數是 8 度，暗示這個問題將會在 8 週內完成，或出現預測的變化。

（2）以時辰占卜法推論方位、地點、距離：

　　關於方位，我們可以從月亮、代表物品，或被詢問者的象徵星星座和宮位來推測。以尋找失物來說，有兩種法則，第 1 種較為傳統。

以時辰占卜法推論方位、地點：方法 1

星座	方位、地點
牡羊座	東方。丘陵，乾燥的地方，新開發之地，運動場
金牛座	南方偏東。田野，草地，儲藏室，庭園
雙子座	西方偏南。學校，鄰居家，鄰近鄉鎮，車站
巨蟹座	北方。有水的地方，廚房，主臥室，母親的住所
獅子座	東方偏北。娛樂場所，豪華且重要的地方
處女座	南方偏西。醫院，工廠，運動場，放置工具的地方
天秤座	西方。臥房，客廳，梳妝台，法院
天蠍座	北方偏東。垃圾桶，廁所，濕地，令人不愉快的地方
射手座	東方偏南。大學，高地，寺廟
摩羯座	南方。政府機關，地下室
水瓶座	西方偏北。集會場所，會客室，朋友家
雙魚座	北方偏西。修道院，水族館，海邊，隱密的場所

以時辰占卜法推論方位、地點：方法 2

宮位	方位	宮位	方位
第 1 宮	東	第 7 宮	西
第 2 宮	東北東	第 8 宮	西南
第 3 宮	東北	第 9 宮	南南西
第 4 宮	北	第 10 宮	南
第 5 宮	北北西	第 11 宮	東南東
第 6 宮	西北	第 12 宮	東南

＊根據失物或被詢問者的象徵星所在宮位來判斷。

其實就是將占卜盤當作一個羅盤，上升點代表東方，天頂代表南方，下降點代表西方，天底代表北方，然後來判斷失物的方位。

在確定方位後，接下來時辰占卜法可以提供大概的距離。這是根據哈馬克‧宗達所著《Handbook of Horary Astrology》的方法，根據經驗其實滿有用的。

如果你想做複雜的計算，那麼當失物象徵星在 1、4、7、10 宮時，表示失物就在那人的身邊，或是他該在的地方附近，例如家裡或辦公室。如果在 2、5、8、11 宮的話範圍稍大，得花點時間去尋找，可能在常去的地方，或常被使用的地方。如果是 3、6、9、12 宮時，則較為難找。

確定距離時，必須找出詢問者象徵星的所在位置與度數，並利用星曆找出該行星所在的緯度是在南緯或北緯，再找出代表遺失物品（第 2 宮守護星）或失蹤者的象徵星的度數（若是子女、

寵物則為第 5 宮守護星，長輩、父母為第 4 宮，兄妹為第 3 宮，
伴侶為第 7 宮），最後用這兩個度數以大減小。

　　舉例來說，詢問者的象徵星在水瓶座 15 度，代表走失寵物的
第 5 宮守護星在雙子座 21 度，兩者以大減小之後，得出得度數為
6 度。接著，將找出來的度數乘以下表的距離。

以時辰占卜法推論距離

行星所在位置	角宮	承續宮	下降宮
宮位位置	1、4、7、10	2、5、8、11	3、6、9、12
緯度 0 度（太陽）	非常近	0.75 公里	1.5 公里
北緯	1.5 公里	3 公里	4.5 公里
南緯	3 公里	4.5 公里	非常遙遠

　　假設在剛才案例中，象徵星在水瓶座位於承續宮，且位於北
緯，那麼將度數 6×3 ＝ 18，可以推測在 18 公里內能找到寵物。

　　還有一種方法較為簡單。先找出詢問者的象徵星度數，再找
出被詢問者或失物（人）的象徵星度數，同樣以大減小，然後依
據月亮所在的星座計算出距離。月亮在起始星座時，計算出來的
度數乘以 2；在固定星座時，計算出來的度數乘以 1／2；月亮在
變動星座時，計算出來度數乘以 1／4。單位則是英里（1 英里等
於 1.61 公里）。

　　例如：如果月亮在天秤座，而詢問者象徵星位在獅子座 5
度，失物的象徵星位在水瓶座 3 度，5－3 ＝ 2，再將 2 乘上 2 英
里 ＝ 4 英里，或換算成公里為 6.44 公里。

5 時辰占卜法中的行星提示

太陽

　　吉星，但當行星與太陽合相時，被稱為「燃燒」，無法發揮好的幫助。不過如果太陽本身是象徵星或象徵星靠近太陽，則視為吉兆。太陽代表的人可以是成年男性或獅子座，代表的地點如戲院或重要地點。

月亮

　　吉星。在時辰占卜中代表詢問者的想法或狀況。當我們看一張時辰占卜星盤，月亮可同時代表詢問者，因此月亮的所有相位都要列入考慮。它可能代表女性、母親，或是巨蟹座的人；也可能代表海邊、水邊。月亮是時辰占卜中最重要的一項指標，關於它的星座、宮位、相位都相當重要。在與遺失物、尋人有關的問題上，月亮也可以代表失物或失聯的對象。

水星

　　吉星，但影響效力不佳，通常得視其相位而定。有助於溝通與傳送運輸，常代表學生、記者、仲介、司機、運輸人員，雙子座或處女座，當然也可以代表任何近地點上的交通工具和通訊器材；代表的地點包括商店、電話亭、車站等。逆行的水星通常代表想法改變，經常是反悔、交通不順，或代表不誠實的人，但也可解釋為被退回的文件、被找回來的文件等。

金星

　　吉星，很吉利的暗示。具有美化事物的影響力或帶來和平喜
悅的效應。通常可以代表女性、少女、情人。代表的事物包括愛
情、金錢、貴金屬；代表的地點包括美術館、銀行、美容院、花
園。逆行的金星不利於新的感情，但也代表重回舊愛，也可能代
表懶惰的因素。在時辰占卜占星學中，也可以從文字層面來解釋
為回頭的情人、失而復得的情感或金錢、貴重金屬。

火星

　　凶星，帶來破壞能力，通常暗示著傷害、分離、意外，不好
的結局。代表男性或牡羊座、天蠍座的人。代表的事物包括刀劍
武器、軍事人員、工人；代表的地點包括工廠、運動場，或者相
當熱的地方。逆行的火星代表不吉利、大量失血，容易帶來意外。

木星

　　吉星，代表誠實正直、慈悲等條件，帶來幸運與幫助。代表射
手座、雙魚座，以及具有社會地位的人事；代表的地點為大學、廟
宇、教堂、圖書館、法院等。也代表著長途旅行的交通工具，如飛
機等。時辰占卜占星學中，逆星的木星會帶來無效的幫助。

土星

　　凶星，帶來破壞與限制的能力，常常導致事物有惡劣的結局
與發展，事情拖延或隱藏也和土星有關。代表老人、水瓶座、摩

羯座、政府官員、壞人；地點包括政府機關、山區等。逆行的土星則使得狀況更為惡化。

6 時辰占卜法中的星座提示

牡羊座（火星）

外型、特性：脾氣急躁，肌肉結實精瘦，有衝勁有活力，常代表新生兒或新進入某行業的人

職業：軍人、運動員、外科醫生、與火有關的行業、與拓展業務有關的工作

國家、城市：英格蘭、葡萄牙、波蘭、拿波里、南法

物品：尖銳物品、刀具、軍用品

金牛座（金星）

外型、特性：肩膀厚實，身材結實壯碩，行動穩重，個性溫和，聲音悅耳，重視美食、生活和金錢的人

職業：與美術音樂有關的工作，與金錢有關的工作，與農業園藝有關的工作

國家、城市：瑞士、愛爾蘭、德國、荷蘭

物品：飾品、貴重物品、金屬、樂器、金錢、皮包

雙子座（水星）

外型、特性：行動靈敏，手腳修長，說話急促，善變，急躁，傳遞訊息的人，同學、同伴

職業：運輸、通訊、傳播、經銷、銷售、商業

國家、城市：美國、比利時、威爾斯、哥倫比亞、倫敦

物品：電話、手機、報刊、交通工具

巨蟹座（月亮）

外型、特性：圓臉，上半身較大，個性溫和，女性，母親，會照顧人

職業：農業、餐飲旅館、園藝、看護照顧、養育、與水或海洋有關

國家、城市：蘇格蘭、中國、西非、加拿大、紐西蘭、巴拉圭、阿姆斯特丹、紐約

物品：日常用品、銀製品、食品、餐具、與水有關的器具

獅子座（太陽）

外型、特性：有自信，行動誇張，有威嚴的人，父親，有社會地位的人

職業：演員、創意人員、投資人、老闆

國家、城市：法國、義大利、東非、羅馬、布拉格

物品：金子、化妝品、娛樂事業用得到的物品、運動器材

處女座（水星）

外型、特性：精瘦，急躁，囉唆，要求嚴格的人，工人，下屬，服務人員

職業：與工業製造業有關、公務員、行政人員、服務業、祕書

國家、城市：希臘、土耳其、巴西、西印度群島、埃及、巴黎、波士頓

物品：辦公用品、學習用品、度量衡用品、機械、工具

天秤座（金星）

外型、特性：溫和，迷人，有魅力，眼神柔和，腰部引人注意，伴侶

職業：司法人員、與流行服飾、化妝有關、音樂美術、評論人員

國家、城市：奧地利、日本、南太平洋、西藏、哥本哈根、維也納、里斯本

物品：化妝品、流行飾品、珠寶、法律文件

天蠍座（火星）

外型、特性：陰沉，神祕氣息，眼神銳利，不容易了解的對象，性感的人

職業：醫學、化學、金控投資、心理學家、高階主管

國家、城市：挪威、敘利亞、北非國家、紐奧良、華盛頓

物品：化學物、神祕物、機密文件、與死亡和性有關的物品

射手座（木星）

外型、特性：高大手腳修長，急躁，樂觀，活潑，旅行者

職業：大眾傳播、航運空運，神職、大學教授與學生，與國際事

務或國際貿易有關，外交

國家、城市：西班牙、澳洲、匈牙利、阿拉伯、巴基斯坦、科隆、布達佩斯

物品：飛機、舶來品、進出口物品、宗教用品、大學書籍、教學用具、外文書籍

摩羯座（土星）

外型、特性：嚴肅，較實際年齡成熟穩重或老態，骨感，較為實際的人，老人，行政管理人員

職業：行政管理、公務人員、企業經營者

國家、城市：印度、墨西哥、阿富汗、阿爾巴尼亞、布魯塞爾

物品：石頭、時鐘、舊物品、古董

水瓶座（土星）

外型、特性：怪異，男性臀部大，女性肩寬，活潑友善，同伴，同志，社團朋友

職業：社工人員、高科技行業、創意行業、自由工作者

國家、城市：瑞典、芬蘭、蘇聯、北歐國家、漢堡、莫斯科

物品：精密機械、電子儀器、科學儀器、電器製品、電腦

雙魚座（木星）

外型、特性：雙眼迷濛，溫柔，慈悲善良的人，讓人不解的人

職業：藝術行業、創意設計、與美術有關、與宗教有關、與水或

海洋有關

國家、城市：埃及、中亞地區、歐洲、南亞

物品：藥品、毒品、化學物、液體

推薦參考書

《*Horary Astrology Rediscovered*》by Olivia Barclay

《*The Horary Textbook*》by John Frawley

《*Handbook of Horary Astrology*》by Hamaker-Zondag

《*Christian Astrology*》by William Lilly

Hindu Zodiac
吠陀黃道（恆星黃道）

　　吠陀占星學中所觀測的恆星背景，又稱作恆星黃道。與歐美占星師慣用的回歸黃道有著明顯的差異。回歸黃道是以太陽經過春天的晝夜均分點，作為黃道上牡羊座的開始日期；吠陀黃道則以太陽經過星空上的牡羊座實際位置，作為牡羊座的開始日期。需要注意的是，吠陀占星術的黃道還有另一個月亮黃道，稱為「Nakshatras」。

Horizon
地平線

　　占星學中，Horizon 多半是指星盤上連結上升點與下降點的軸線。當行星位於這條軸線的上半部時，表示行星位於可以觀測的天空中；當行星位於軸線以下，表示行星沉入天底。傳統占星學認為，地平線以上的行星較能發揮影響力，地平線以下的行星影響力則較弱。心理占星學認為，若命盤上較多行星在地平線上方，顯示此人重視與外界的互動；若較多行星落入地平線之下，則此人重視自身的內在心靈世界。

Horoscope
星圖（天宮圖）

　　占星學所使用的星圖稱為「Horoscope」或「Chart」。「Horo」一字在拉丁文中有「時間」的意思。「Scope」的字根則有「觀

看、觀察」的意思。但今日「Horoscope」也成為為占星術的另一個稱呼，所以占星師更習慣以「Chart」來稱呼星圖，避免混淆。

House
宮位

　　占星術中，將黃道依據某些點（通常為天頂與上升）再次分割成十二個宮位，稱為「House」。每個宮位掌管著生活中的不同層面。

各宮位掌管層面與意涵

宮位	傳統占星中掌管的層面	現代意涵與心理意涵
第 1 宮	自我、生活、精力、外型	我所呈現的自我
第 2 宮	金錢、物質、擁有物品	價值觀、物質安全感、能力
第 3 宮	兄弟姊妹、鄰居、短程旅行	學習、溝通、思考
第 4 宮	母親、家庭、房屋	情緒出口、安全感、家庭關係（雙親）
第 5 宮	娛樂、賭博、愛情、子女	創造力、創意、自我目標
第 6 宮	僕人、下屬、工作、健康	規律的事務、日常事務
第 7 宮	婚姻、合約、法律	對待他人的態度、與他人的關係
第 8 宮	死亡、遺產、稅務	他人的金錢、權力控制、內心黑暗面
第 9 宮	國外、宗教、高等教育、海外旅行	信念、崇高的精神、自我發展
第 10 宮	父親、政府、社會地位	社會地位、公眾形象、雙親之一
第 11 宮	朋友、社團	自我的超越與改革
第 12 宮	障礙、隱藏的敵人	心理的無意識層面

House Division
分宮制

劃分宮位的方法。常見的分宮制有普拉西度制（Placidus）、柯氏分宮法（Koch）、等宮制（Equal）、坎式分宮法（Campanus）與芮氏分宮法（Regiomontanus）。不同的分宮法會造成不同的命盤解讀。每位占星師都有其偏好，不一定代表哪個就是最準確的。建議初學者可以多作觀察，再確認自己喜歡的宮位制之前，可以使用等宮制。

Human Sign
人類星座

占星師會將黃道上具有人類形象的星座稱為人類星座，包括雙子、處女、水瓶等，與黃道上具有動物形象的獸類星座作區別。一般來說，人類星座被認為處理事情較理智，而獸類星座則受情緒與感官的左右較為強烈。

Humid
濕

也有很多傳統占星師用「wet」一字形容。傳統占星學將星座分成乾、濕與冷、熱的性質，性質屬於濕的星座包括風相星座與水相星座。 這樣的特性也可以運用在卜卦盤中對於天氣的預測。若象徵星落入屬性濕的星座，則暗示當天的天氣潮濕。傳統占星師認為。屬性為濕的風相、水相星座與屬性為乾的火相、土相星

座無法產生共識。

Hypothetical Planet
虛星

　　實際上並不存在的星體。在占星學的發展過程中，常有許多占星師會使用一些實際上並不存在的星體，作為命盤中的詮釋、應用，例如暗月莉莉絲（Lilith），或漢堡占星學派（Hamburg School）所研究出來的虛擬星體。

占星歷史

古典時期的占星學

　　西元前 4 世紀，亞歷山大大帝統治了整個地中海地區，進而促進整個區域的文化融合。巴比倫的占星術影響波斯、埃及與猶太人的宗教與哲學，也促使占星術更快進入希臘的世界。西元前 280 年左右，巴比倫人貝樂索斯（Berossos）在柯斯島（Kos）著書並開班授徒，揭開其神祕面紗，並使占星成為一大顯學。例如：受到「人體就是一個小宇宙」的觀念影響，占星術逐漸走出宮廷，從原本君國解釋天意的功能，轉而發展出個人占星圖的繪製與解讀，這也就是今日占星學如此廣泛的起因。

——摘錄自《占星全書》

Imum Coeli（Immum Coeli）
天底

　　簡寫為「I.C.」，星盤當中第 4 宮的起點，與天頂呈現 180 度相對。在占星術中，I.C. 與第 4 宮皆有根源、雙親、家庭的意涵。在過去，天底的地位並不被重視，因為占星師認為行星落入天底無法產生影響力。相比之下，天底的研究在心理占星學中則顯得相當重要。在心理占星學中，天底被視為是進入內心世界的入口，也是一個人表達情感與安全感的位置，同時暗示著童年的家庭經驗。而天底也被業力占星師認為是一個重要的位置，代表著自己從何而來，過去靈魂的狀態等，甚至有業力占星師認為天底也與死亡有關。

Inconjunct
非結合狀態

　　許多人認為「Inconjunct」是兩行星間呈現 150 度的十二分之五相（Quincunx）的別名，事實上，「Inconjunct」必須從字面來解釋。「in-」可視為「非」、「無」、「不」之意，「結合」（conjunct）則包括 30 度的半六分相與 150 度的十二分之五相，都被視為非結合狀態。同時，「Inconjunct」不一定應用在相位上，當在討論星座或宮位時，其相距 30 度與 150 度的星座與宮位，也可視為是非結合星座或非結合宮位。以金牛座為例，其非結合宮位就包括白羊、雙子、天秤、射手。這些星座往往會替金牛座帶來調節的刺激與些微緊張的狀態。

Increasing light
亮度增強

　　在傳統占星學中，當行星與太陽合相，稱為行星的亮度增強，占星師認為行星將從太陽中獲得能量。例如：月亮在新月（日月合相）至上弦月期間，都可視作月亮的亮度增強。

Inferior Planet
內圍行星

　　指運行軌道在地球與太陽之間的行星，亦即水星和金星。請注意，不要將內圍行星（Inferior Planet）與內行星（Inner Planet）的定義搞混。內圍行星的判斷基礎是以地球的軌道為主，在地球

軌道內圍的行星稱為內圍行星；內行星則泛指心理占星學中與個人行為有直接關聯的水星、金星、火星等。

Ingress
入境

占星學對「Ingress」的定義包括一個行星、恆星或特殊點（節點、交點）正進入某一星座、宮位或象限的開端。例如：每年春分點，太陽進入牡羊座就是一個占星學上入境的例子。或在流年時刻，當某行星剛好進入了你命盤的某個宮位，也稱為入境。占星學上，任何一種入境狀況都會導致該行星發生強大的影響力。

Ingress Chart
入境圖（進宮圖）

在世俗占星學中，占星師習慣用太陽進入春分點（牡羊座 0 度）、夏至點（巨蟹座 0 度）、秋分點（天秤座 0 度）、冬至點（摩羯座 0 度）的時刻來繪製星圖，以預測世俗事件。

Ingress Sign
入境星座

占星師習慣稱呼太陽進入春分點的白羊座、夏至點的巨蟹座、秋分點的天秤座、冬至點的摩羯座為入境星座。這四個星座分別代表黃道上四個象限與四個季節的開端。入境星座也就是我們稱呼的開創或本位星座。

Inner Planet
內行星

　　內行星是指與個人特質有關的行星（不包含太陽、月亮），分別為水星、金星、火星。在這裡特別需要與內圍行星（Inferior Planet）稍作區分。內圍行星因具有天文學上以地球軌道劃分界線的意味在，所以被稱為內圍行星。此外，內行星有時也被稱為「個人行星」（Personal Planet）。為了方便稱呼，有些占星師會把太陽、月亮一併包含在這個稱呼中。下表可以幫助你了解占星學中行星的分類。

占星學中行星的分類

行星與日月	軌道的區分	心理占星學的分類	傳統／現代
日	恆星	個人行星／發光體	傳統
月	衛星	個人行星／發光體	傳統
水星	內圍行星	個人行星／內行星	傳統
金星	內圍行星	個人行星／內行星	傳統
火星	外圍行星	個人行星／內行星	傳統
木星	外圍行星	社會行星／外行星	傳統
土星	外圍行星	社會行星／外行星	傳統
天王星	外圍行星	外行星	現代
海王星	外圍行星	外行星	現代
冥王星	外圍行星	外行星	現代

Intercepted House
截奪宮

　　一個宮位若包含兩個以上的星座，就稱為截奪宮。占星師認為，這樣的宮位由於包含兩個以上星座的性質，具有複雜的特性，需要特別注意。被截奪的星座特性往往無法順利表現出來，且在相關領域（該宮位）的事件上容易引發一些內心衝突。特別是若該宮當中沒有任何行星時，這些能量無法被明顯表現，也就是無法被我們輕易意識到，以致會造成一些困擾。

Intercepted Planet
被截奪行星

　　若有行星位於被截奪的星座中，稱為被截奪行星。常聽到有人說，截奪宮內的行星算是失效，因為處於一個無法表現的星座中，但事實上並非如此。任何行星就算是弱勢，也不可能失效。占星師認為，被截奪行星並非失效，而是能量被暫時鎖住。被截奪的星座特質，也因這顆行星的出現，而有了嶄露頭角的契機。

　　因為這層關係，占星師們認為被截奪行星在命盤中占有相當重要性，常常是個人生活經驗中相當深刻的部分，通常需要經過一番衝突與掙扎，才會將這顆被截奪行星與被截奪星座的特性展現出來。一經展現，威力將相當驚人。我們可以注意一些星盤上被截奪的行星，如果同時出現強硬相位時，被截奪行星成為個人生命中重要主題的意涵就更為明顯了。事實上，我常常發現被截

奪行星有相當高的機會，同時與其他行星形成對分相、四分相、甚至是 T 型三角。占星師認為，截奪行星將需要一段長時期的醞釀，才能展現出驚人的威力，而非失效。讓我們來看看若望保祿二世（Loannes Paulus PP. II）的星盤，就可以理解為什麼占星師認為截奪行星並非失效。

從星盤我們可以發現，保祿二世出生時太陽、月亮、金星、水星等星群，一股腦兒地全落在被截奪的金牛座，同時與北月交、獅子座第 2 宮的木星、海王星形成 T 三角。請容我暫時將焦點放在被截奪的金牛座與其星群上。若照那些似是而非的說法：被截奪的星座會失效，那麼教宗在 11 宮的日、月、金、水就全都失效了。

首先，第 5 和第 11 宮是教宗的截奪宮與截奪星座。觀察其星盤，我們可以發現，他對道德保守、強力的回應（金牛座），在世紀改革浪潮（11 宮）的洪流中，強力地維持著傳統天主教精神（金牛座），甚至不惜冒著受人批評的風險。在關於離婚、對於罹患愛滋病的天主教徒是否能帶保險套或同性戀族群，面對這些問題（11 宮）仍舊採取強烈的保守姿態（金牛座）。我們可以看出，11 宮中的「金牛座」已經在這些批判當中被突顯出來。我們雖然可以視為這是全天主教的問題，但畢竟教宗必須承擔他的言論所造成的影響，勢必因此造成他內心的衝突。

同時，他在任內努力修補與東正教、猶太人、回教徒的關係，並締造和平契機，獲得大多數人的肯定，這也是 11 宮的友誼所掌管的事物。我們能說在 11 宮當中影響強烈、象徵和平與和諧

的金星（領導整個金牛座星群）失效嗎？不，事實上這顆金星效應相當強大，大到我們不能忽略。

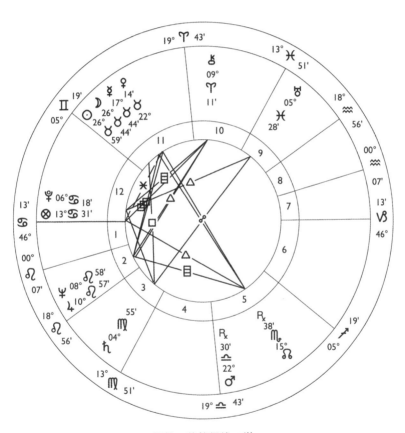

星盤：若望保祿二世

Interception
截奪

　　被截奪星座（Interception Sign）會出現在非等宮制（例如普拉西度制）的星盤中。非等宮制依據上升與天頂間的角度來劃分宮位，因此在高緯度地區，有些星座的上升時間較長，使得在劃分宮位時會有兩個（有時甚至三個）宮位落入同一個星座，這時就會造成另外一或兩個星座包含在同一宮當中，形成相當大的一個宮位。這些被包含的星座就稱為被截奪星座（Intercepted Sign）。傳統占星學中，被劫奪星座往往被認為是不具效力的位置。而與被劫奪星座有關的還包括截奪宮與截奪行星。

Interval
差距／音程

　　「Interval」在占星學中有兩個不同的意思，第 1 個意思為差距。在計算星圖時，若使用占星學院系統，依據格林威治中午時間的星曆表來計算的話，我們往往需要算出出生的格林威治標準時間（GMT）與格林威治標準中午時間的差距，這個差距便稱作「Interval」。

　　「Interval」第 2 個意涵被應用在泛音盤當中。泛音盤的基礎來自波動的差距，因此我們借用樂理上的音程來稱呼「Interval」。在這裡「Interval」指的是泛音盤中的音程差距數字所代表的意涵，也就是我們所使用的泛音盤——將所有行星與基本點的黃經度數所乘上的倍數。在第 4 泛音盤當中，「Interval」就是 4 的定義，包

括艱苦、困難的意思。

Intuitive Type
直覺型

榮格四大心理類型之一，心理占星學將其與火相星座結合。當一個人命盤中有許多行星落入火相星座時，強勢的火相星座賦予此人直覺型的人格，象徵著此人熱情積極，喜歡主動面對問題與挑戰。當命盤中沒有行星落入火相星座，同時也沒有行星落入屬於火相宮位的1、5、9宮時，會缺乏自信、比較沒有主見。

占星家語錄

I

「在我的觀念中，占星家的工作是盡可能地去發現事件狀況的內在真實性。占星學在發展個人與群體的意識上幾乎沒有限制，並且能在每一種情況下發光。想要能做到這一點，學占星的學生們必須熟知星盤上的基礎語言──元素、星座、行星、宮位和相位。」

──心理占星學大師、倫敦占星學院創辦人
蘇‧湯普金（Sue Tompkins）

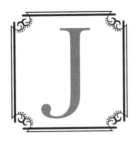

Joint Ruler
共同守護星
Joint Rulership
共同守護關係

　　指傳統占星學中，同一顆行星所守護的兩個星座之間的關係，或現代占星學中兩顆行星共同守護一個星座的關係。詳細內容請參見詞條「Co-Ruler 共同守護星」。

守護兩個星座的行星

守護行星	星座名稱
水星	雙子座、處女座
金星	天秤座、金牛座
火星	牡羊座、天蠍座
木星	雙魚座、射手座
土星	摩羯座、水瓶座

Jones Patterns
瓊斯圖形

　　美國占星學家馬克・瓊斯（Marc Edmund Jones）研究出生圖中行星的排列組合，發現有幾種特殊圖形，強調不同的生命型態，分別是碗型（Bowl）、提桶型（Bucket）、集團型（Bundle）、火車頭型（Locomotive）、翹翹板型（See-Saw）、散落型（Splash）、擴散型（Splay）。

婚神星
Juno

　　婚神星是第 3 顆被發現的小行星，約在 1804 年時被發現。其直徑約 240 公里，繞太陽公轉週期約 4.36 年。這顆小行星的形狀相當不規則。「Juno」是天后希拉的羅馬名字。在神話故事中，她是婚姻與家庭的守護者，因此婚神星的星座，暗示著此人想要怎樣的伴侶；而婚神星所在的位置，象徵此人為了什麼而結合。

1　婚神星所在的星座

婚神星在牡羊座

　　婚神星在牡羊座的人，希望擁有主動且積極的伴侶，他們希望對象是自我且相當活潑的，而他們願意主動扮演兩人世界的領導者。

婚神星在金牛座

　　他們渴望一個生活穩定的伴侶，傾向於重視對方的能力與財富。當然我們也不能忘記金牛座對於身體的要求，他們的伴侶不太可能是對性生活沒興趣的人。

婚神星在雙子座

他們需要能夠溝通的伙伴，特別是他們的另一半必須能夠和他們在思想上有所激盪。他們喜歡聰明的人，最好伶牙俐齒、能夠陪他們八卦聊天。

婚神星在巨蟹座

他們重視對方的情感層面，希望對方擁有許多母性的本質，善體人意、樂於照顧別人。在這種情況下我們不得不說，這是另一種型態的戀母情結。

婚神星在獅子座

這些人期待的伴侶是活潑、樂觀、散發活力的人，最好能讓眾人都眼睛一亮，再不然也要具有幽默風趣的特質，可以吸引大家的注意。當然，這樣的伴侶最好得是某領域的強者，尤其是事業、學業或人際關係方面。

婚神星在處女座

處女座細心、認真的特質也會表現在對伴侶的要求上，他們希望對方能夠擁有嚴肅的性格。對於那些注重外在或是好逸惡勞的人，他們可能連碰都不會碰。

婚神星在天秤座

他們要求另一半必須具有柔和的特質，最好能夠懂一兩項才

藝，琴棋書畫就算不能夠精通也要懂得欣賞。他們期待對方為自己的生活帶來藝術與美感。

婚神星在天蠍座

天蠍座掌管性，沒錯，這是他們的首要條件，一定要在性生活上配合得來，否則免談。他們期待對方具有神祕特質，最好能有震攝人的吸引力。

婚神星在射手座

他們很可能會為異國文化所著迷，而因此與外國人結合，再不然對方必須是見識廣的人。如果能說出些人生大道理，又具有行動力的話，那麼他們將會為其深深著迷。

婚神星在摩羯座

他們要求的伴侶條件，簡直像是在找生意伙伴或公司經理。他們重視對方的組織能力、對於社會名利的野心，以及實事求是的態度。至於感情，他們似乎不太要求。

婚神星在水瓶座

婚神星在水瓶座的人需要一個特別的伴侶，這個伴侶恐怕不是常人能夠想像的。他們希望對方能擁有獨立的個性，且才華洋溢，就算有些怪癖他們也不會在意。

婚神星在雙魚座

雙魚座的婚神星帶來夢幻的期待，符合的對象恐怕很稀少或根本不存在，於是只要他們愛上人，就會想要把對方變得完美，這對另一半來說是件相當疲憊的事。

2　婚神星所在的宮位

婚神星在第 1 宮

在第 1 宮的婚神星帶來了良好伴侶的特質，他們認真且嚴肅地看待結合這件事情，這也會成為他們的生活中心。他們期待伴侶能夠幫助他們成長且更了解自己。

婚神星在第 2 宮

可以想像的是，這個人的婚姻很少建立在真正的愛情上。他們重視伴侶能不能帶給他們穩定的生活，再決定要不要和他們結合。這樣的婚姻建立在物質生活上。

婚神星在第 3 宮

他們重視婚姻生活中的溝通與成長，特別是兩個人的觀念要能夠交流，否則會讓他們對婚姻相當失望。這些人要的不是金錢、財富、也不是愛情，很可能只是像友誼一樣的感覺就好。

婚神星在第 4 宮

這些人很少願意與外國人結合，因為那會使他們遠離家園。

他們婚後的居住地最好能離原本的家很近，或者就乾脆住在家裡，也可能根本不結婚，把生命都給自己的父母與家庭。

婚神星在第 5 宮

這些人重視婚姻中愉快的成分，他們認為就算是婚姻也要像是一場表演或一場遊戲，頗有及時行樂的感覺。在他們的婚姻中還有另一個重點，就是小孩，這是他們婚姻中不可或缺的要素。

婚神星在第 6 宮

這些人常在工作場所遇到另一半，或者在結婚前，也一定要全然了解伴侶的工作態度，因為他們認為認真工作的人才值得信賴。可是在這樣的關係中，某一方很可能就得做牛做馬，不停忙碌。

婚神星在第 7 宮

婚神星進入了婚姻宮，強調雙方的和諧與平等。堅守傳統的婚姻價值，使得他們不輕易打破誓言離婚。

婚神星在第 8 宮

這些人對婚姻的看法讓很多女權主義者敬謝不敏。他們常常將對方視為自己的財產或提款機，甚至有可能是為了這點才結婚的，對於性愛也有相當程度的需求。

婚神星在第 9 宮

他們希望能夠有一個一起討論人生問題的伴侶，對方和此人的精神就算不契合也要能夠激蕩出火花。他們喜歡和對方四處旅行，甚至很有可能因此而嫁到國外去。

婚神星在第 10 宮

這些人常希望藉由婚姻來提升自己的社會地位，就算不是和上流社會結婚，也會要求對方門當戶對，再不然就是選擇一個未來有增值機會的潛力股，先辛苦一陣子當作投資。

婚神星在第 11 宮

這些人可能在社交活動或參加的團體中找到伴侶。他們要求另一半具有活躍的社交能力，並有開明的思想。婚姻的基礎最好能建立在豐富的友情上。

婚神星在第 12 宮

他們極為相信命運，有時候遍尋不著適當的伴侶，越去尋找越容易失望。就在某天，這個伴侶會突然出現，似乎是冥冥中的安排。

Jupiter
木星

太陽系中最巨大的行星，在傳統占星學中屬於帶來幸運的吉星。現代占星學對木星的基本定義包括信念、態度、信仰、宗教哲學、高等教育與國際事務等；心理上的意涵為個人的成長與信念。一個人木星所在的星座與宮位是他的信念與信仰所在，同時也可能是他生活中較為幸運的部分。在醫療占星學中，木星與肝臟有關。木星在占星學中守護射手座，且與海王星共同守護雙魚座。

Jupiter-Saturn Cycle
木土循環

在近代世俗占星學中重視研究木星、土星、天王星、海王星、冥王星這些外行星的相位循環，對世界經濟政治文化所造成的影響，其中又以木星跟土星的相位循環最被重視，認為對世局影響最深刻，又稱木土循環。從木星與土星產生合相開始，經歷過木星、土星四分相，對分相，再一次的四分相，直到下一次木星、土星又合相，這樣的循環歷時 20 年，而這 20 年就稱作一次的木土循環。每 20 年一次的木土循環，象徵未來 20 年政經文化的發展方向，是世俗占星學研究的重點與基礎。

占星家語錄

「占星學認為，個人的特質是與生俱來的，而了解占星學或許可以幫助我們理解，什麼樣性質的種子會發展為成人自我意識中的一部分。占星不但能告訴我們這些，也包含了我們不知道的部分。」

——心理占星學大師、倫敦占星學院創辦人
麗茲‧格林（Liz Greene）

Karmic Astrology
業力占星學

　　探討靈魂、業力與前世今生關係的占星學。西方的業力占星學並不如我們所想得如此宿命。大多數的業力占星師強調出生時刻是靈魂進入肉體的一刻；同時，出生的星盤會留下印記，讓我們可以從中找出我們在前世（或其他世界）的連結，也提醒自己今生的課題。業力占星學重視 4、8、12 宮的探討、土星與冥王星、南北交點以及小行星的使用。演化占星學（Evolutionary Astrology）也探討靈魂與今生課題的關係，但為了與較為宿命論態度的業力占星作出區別，而稱演化占星。

Keplerian Aspect
克卜勒相位

　　由占星師克卜勒（Johannes Kepler）所研究的相位。這些相位在占星學中多被稱為次要相位，包括倍五分相（144度）、十分相（36度）、半十分相（18度）、十二分之五相（150度）等。除了十二分之五相與倍五分相目前有占星師使用外，其餘如十分相等並不常被使用。

Kite
風箏

　　圖形相位之一，由一個大三角及一個對分相的行星組成。這個對分相的行星稱為「把手」，必須同時與三角的另外兩顆行星形成六分相。有風箏圖形的人擅長於處理問題與挑戰，懂得利用自己的長處與優點來克服困難，在面對壓力時也能夠從容以對，自然會讓他們有更傑出的表現。

Kronos
克諾索司

　　「Kronos」是農神與時間之神的希臘文，拉丁文即是我們稱為土星的「Saturn」。漢堡學派將「Kronos」這個名稱用於他們所創造的八顆虛星中，代表至高的權力，具有豐富經驗的人與事。

Last Quarter Moon
最後象限月（下弦月）

當月亮與太陽的距角介於 270 ～ 315 度之間，習慣稱為下弦月。占星師則因這階段的月亮進入太陽、月亮合相循環的最後一個象限，代表事物結束前的最後一個修正階段。出生於這個時刻的人具有傳播知識的傾向，以及優秀的組織能力，懂得為事物或理念作修飾。

Leading Planet
領導行星

瓊斯圖形中的火車頭型（Locomotive）的定義為，行星必須平均且不間斷地分布在星盤上至少九個宮位。當中順時鐘方向、最

接近東方的行星稱為領導行星（Leading Planet），這顆行星將會帶來強烈的驅動能力，促使個人朝目標前進。

Leading Sign
領導星座

占星師又稱開創星座的四個星座為領導星座。由於這四個星座分別是每個季節開始的時刻，季節的特質有這四個星座引領出來，因而得名。從心理占星學的角度來看，這四個星座都有強烈的自我傾向與領導特質。

Leo
獅子座 ♌

黃道上的第 5 個星座，固定的火相星座。其基本定義為戲劇表演，與娛樂、賭博有關。在心理層面上，獅子座與自我目標、自我中心、自我實現、創造、娛樂等事物有關。獅子座的符號是獅子尾巴，其守護星為太陽。

Libra
天秤座 ♎

黃道上的第 7 個星座，開創的風相星座。在占星學上，天秤座與婚姻、法律、合約有關。在心理層面上代表對等關係、人我互動、伴侶關係等。天秤座的符號是一個看似天秤的希臘文字「Ω」其下方加上一橫。而天秤座的守護星則是金星。

Lilith
莉莉絲

　　在占星學中有三個不同的莉莉絲。首先是其軌道位於火星及木星間、小行星帶的小行星莉莉絲（Asteroid Lilith）；其次是在過去四個世紀中，不斷有人聲稱曾見過其縱影的暗月莉莉絲（Dark Moon Lilith），據稱是地球的第 2 個月亮。最後是位於太空中的抽象幾何位置，它被稱為黑月莉莉絲（Black Moon Lilith）。

　　小行星莉莉絲大約每 4 年會繞太陽公轉 1 次。於個人星盤中，社會文化投射定義了我們，但它並不等於我們。在本命盤中相當突出的小行星莉莉絲，也許代表了某人並不能融入文化之中，並因而導致離開社會的某種放逐。

　　暗月莉莉絲被人認為是另一個環繞地球運行的神祕暗月，傳說只有在它跟太陽對分，或當它的側影於太陽前掠過的日子，才罕有機會被看見。根據德爾菲娜·杰伊（Delphine Jay）的研究，暗月莉莉絲的影響明顯地是非個人的。當它的表達變得相當自我中心的時候，可以讓人感覺相當負面；但若這種情緒被導向到更高層次時，往往會帶來具創作性、心理的、具美感的、甚至具精神性的表達。暗月的位置是我們為了記起自己真正身世的古老揚升，從而必須從早期月亮環境的習慣性模式中成長。

　　黑月莉莉絲則是月球軌道的遠地點——也就是月亮距離地球最遠的地方。地球和月亮之間的引力中心位於地球裡面。作為「地球／月亮」這個系統的其中一部分，黑月是一個跟地球正中心緊密聯繫的點或能量漩渦。而作為這系統中可供參考的第 2 個

L

中心，黑月莉莉絲給予了地球某種節奏，使伴侶關係超越個人月亮、金星層面。這股能量的動態將我們帶到某種層面，這層面雖然隱晦，卻是我們生命必需的。

Local Mean Time
區域標準時間

19 世紀前，在時區與標準時間還沒被制定的時候，各國與地區使用太陽時間作為該地的標準時間。當使用軟體來做星盤繪製時，許多 20 世紀之前的星盤，其時區都會套用「Local Mean Time」作為時區，又簡寫為「LMT」。

Local Space Chart
地方星圖

地方星圖是將特定時間與地點的行星運行路線，投影、繪製在該地區的地圖上。這技巧一般使用在移民與旅遊占星學當中，依照不同的行星性質，行星的行進方向會對此人產生影響。例如：金星有溫和舒適的特質，若一個人前往其地方星圖上金星線經過的地方，就能感受到金星的舒適。關於「Local Space Chart」的應用，在本人著作《占星全書》及與 Jupiter 老師合著的《高階占星技巧》中有詳盡的介紹。

Locomotive
火車頭型

在瓊斯圖形中，行星平均分布在出生圖中的 240 度區間，且不間斷，留下 120 度左右的空白。瓊斯認為該類型的人具有強烈的動機與動能，整個星群受到順時針方向、最接近東方上升點的領導行星影響，並認為這樣的圖形與牡羊、獅子座有關聯。

Longitude
經度

經度是座標系統的標示方法之一。在占星學中，經度有兩個意思，首先在繪製星圖時表示出生當地的經度，此外也表示天球座標系統中黃經的度數，例如會以「牡羊座 20 度」這樣的方式來標示。經度的單位依序是度、分、秒。

Lord of a House
宮主星

又稱「守護星」（Ruler），指某一宮起點星座的守護星。在占星學中，宮主星的所在星座宮位、相位，被視為可以影響其守護宮位的相關事件。例如：若在個人命盤中象徵社會地位的第 10宮（亦即天頂），由其起始星座的守護星，可看出此人適合在哪個領域發展他的職業；此守護星的相位吉凶，也會影響到此人的社會地位與名聲。

Luminary
發光體

在占星學中，太陽和月亮被稱作發光體。即使今天我們已知月亮本身並不會發光，其亮度是反射太陽所散發出來的光芒，但在占星學上，仍因可以觀測到月亮的光芒，所以將太陽與月亮合併稱為發光體。占星師認為，這兩個發光體是星盤中最為重要、與個人息息相關的星體。

Luna
月亮
Lunar-
月亮的

「Luna」是拉丁文當中的月亮，而「Lunar」是其形容詞。在占星學這門古老的學問當中，有許多以「Lunar」開頭的字彙，

其實就是指與月亮有關的占星主題或技法。就算在英語世界的占星、天文研究者，在稱呼這些與月亮有關的主題時，也是直接沿襲中世紀占星術中的拉丁文稱呼，而非以現代英文來稱呼。例如：我們稱呼月蝕為「Lunar Eclipse」，而不是稱作「Moon Eclipse」（完全沒有人這樣稱呼月蝕）。

Lunar Cycle
月亮週期

　　月亮週期泛指月亮繞行完黃道一圈、月亮與太陽之間的合相、月相循環，或月亮與任何一個基本點、特殊點的循環。每一次行星過運，月亮回到出生圖的月亮位置時，也可以視為一個月循環。這幾種月亮週期在占星學中，都可以作為運勢觀測的重點。

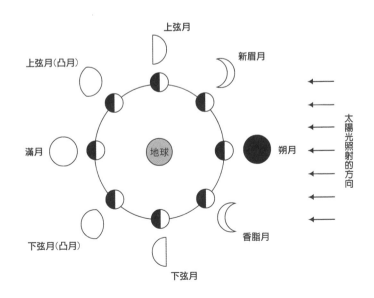

Lunar Eclipse
月蝕

　　天文學上，月蝕是指地球切入月球與太陽的軌道當中，造成月亮在短暫時刻出現消蝕的現象。占星學上，我們會看到星圖上太陽與月亮呈現對分相，並且在南北月交附近。占星師認為月蝕對流年的影響可以長達 3 個月以上。現代占星學將日蝕、月蝕視為預測重要事件發生的依據時刻。

Lunar Mansion（Lunar Zodiac）
月亮黃道

　　吠陀占星學中所使用的月亮軌道。將黃道區分成為二十八個月亮星座，又稱作「吠陀月亮黃道」（Nakshatras）。與歐美占星術，月亮直接使用太陽黃道的方式不同。雖然歐洲占星師在過去並沒有使用吠陀月亮黃道的紀錄，但在中古世紀，占星術受到此觀念影響，而產生了「轉折點」（Critical Point）的概念。基本上，轉折點就是一種吠陀黃道的變相使用，雖然不使用其名稱，但仍在吠陀月亮黃道變換星座時稱為轉折點。

Lunar Node Cycle
月交點循環

　　在黃道上，月交點的運行方向與行星逆行，也就是從牡羊座到雙魚座，然後到水瓶座，每繞完黃道一圈為 18 年又 7 個月。由於月交點的循環速度緩慢，近年來在世俗占星學的研究上，除了

研究土木循環外，也將月交點循環，以及月交點與外圍行星間的互動列入研究的重點。

Lunar Return Chart
月亮回歸圖

一種流年預測的占星技法，利用每一次月亮回到出生圖月亮位置的時刻來繪製命盤，預測未來一個月亮循環中（直到下次月亮回到同樣位置）的運勢。這個技法簡單，並且在解讀時就如同在解讀命盤，不須特殊的判讀技巧，因而被廣為流傳。

Lunation
月相循環

每次月亮與太陽合相開始，到下一次月亮與太陽再次產生合相結束，這當中的時期稱為月相循環週期（Lunation Period），又有人稱作「合相月循環」（Synodic Month）。月相循環被人文占星學派視為研究重點，同時人文占星學派將月相循環的解釋概念延伸到許多占星技巧的應用上（例如：相位解讀與世俗占星學的預測方式），成為人文占星學派的一大特色。

L

Magnetic Ascendant
磁升點

　　現代占星學家莊喬（Edward Johndro）認為，黃道與主垂圈的西方交會所產生的點稱為「宿命點（Vertex）」，又稱這個點為「Magnetic Ascendant」。他認為此點會改變生命，具有轉捩點的意涵。這個說法也常被業力占星師所使用，但他們對宿命點的定義不盡相同。相關內容請參見詞條「宿命點 Vertex」。

Major Aspect
主要相位

　　根據托勒密的定義，主相位包含：合相、對分相、三分相、四分相、六分相。他認為這五個相位在星盤上的影響相當重要。

這五個相位是中世紀大多數占星師所使用的相位，克卜勒則將半六分相與十二分之五相加入主相位的列表中，但今日在主相位的認定上，大多仍採取托勒密的定義，將半六分相與十二分之五相則歸為次要相位。

Malefic
凶兆（凶星）

傳統占星學中，對於不吉利的行星與相位都以「Malefic」來稱呼。土星、火星都被視為凶星，而部分占星師也將天王星、海王星、冥王星視為凶星。凶相位則包含對分相、四分相、半四分相、八分之三相位等。

Mars
火星

太陽系的第 4 顆行星，其基本意涵包括行動、自我實現、自我保護、防衛、攻擊。心理占星學認為火星與生存意志有關，進而也與性慾產生連結。傳統占星學將火星視為凶星，認為火星與戰爭、屠殺等流血事件有關；在醫療占星學中火星與血液、發燒、發炎以及刀傷有關。火星守護牡羊座，並與冥王星共同守護天蠍座。

Masculine Planet
陽性行星

　　傳統占星學將太陽、火星、木星、土星視為陽性行星，認為這四顆行星具有男性的特質。在卜卦占星學中，若象徵星與陽性行星有關時，有可能暗示著其象徵對象為男性。但在中世紀占星學中，陽性行星也可依照其在黃道的星座或星盤上的宮位來作判斷，不過其方式過為複雜，今日已少有人使用。而晚近發現的現代行星中，一般認為天王星與冥王星是陽性行星，海王星則是陰性行星。

Masculine Sign
陽性星座

　　占星學上將火相星座與風相星座視為陽性星座，包括：白羊座、雙子座、獅子座、天秤座、射手座和水瓶座。陽性星座象徵主動與情緒高昂的特質，與陰性星座被動、憂鬱的特質成對比。

Mean Node
平均（月）交點

M

　　在占星學上計算月亮交點的方式有兩種。過去電腦不普遍時，計算月亮交點只取平均值，這樣的方式稱為「Mean Node」。在計算技巧更為精確的現代，發展出了計算實際月亮交點的位置，我們稱作「實際（月）交點」（True Node）。目前兩種方式都有占星師使用。

Medical Astrology
醫療占星學

醫療占星學研究天上星體的運行對人體健康所顯示的徵兆，目前多應用在自然療法中，身、心、靈的調和。但根據英國占星協會的規定，不具醫護資格的人，不能從事醫療占星的診斷工作。目前在台灣雖沒有類似的組織與規範，但在從事醫療占星，並回答與健康或醫療有關的問題時，仍建議採取保守的態度。

Medium Coeli（Mid Heaven）
天頂

簡稱「M.C.」又稱「Mid Heaven」，為所在地的子午線和黃道在空中的交點。在占星學中，天頂與上升星座是計算宮位的標準；許多非等宮制的分宮法中，天頂為第 10 宮的起點。天頂在占星學上的意義為個人的社會地位與名聲、職業傾向。傳統占星學認為天頂象徵父親，但近代占星學則認為天頂與天底都可能是雙親的其中一方，且因人而異，需要占星師仔細判別。同時，天頂在世俗占星學中也代表政府、執政黨、國家元首。在占星學上，天頂、天底的軸線與上升點、下降點的軸線為命盤中的重要軸線，這四個點被視為是命盤上的基本點。

Melancholic
黑膽汁性質

　　傳統占星學與西方傳統醫療當中的四體液之一，與土元素有關。詳細內容請參見「脾性 Temperament」。

Mercury
水星

　　太陽系最接近太陽的行星，其基本定義包含：思考、學習、自我與他人的溝通、兄弟姊妹等。在心理層面上，水星象徵自我意識的表達、自我意識與無意識的溝通管道等。在醫療占星學上，水星與手、肺部、神經系統有關。在世俗占星學中，水星象徵新聞、教育、通訊與交通。

Meridian
子午線

　　子午線又稱「經線」，一個貫穿天空最高點、地平線上南北兩極點的假想大圓，作為地球上縱向座標的基準線。子午線是計算占星圖的重要工具，以穿過英國格林威治天文台的子午線為 0度，又稱本初子午線（Prime Meridian）、國際子午線（International Meridian）或格林威治子午線（Greenwich Meridian）。由此線劃分東西半球。

M

Mid-Heaven Axis
天頂軸線

在占星學中，天頂軸線是指連結天頂與天底的軸線，分別是第 10 宮與第 4 宮的起點。這條軸線在星盤上占有重要的地位。若行星在此軸線上，則此人會受到該行星明顯的影響，對人格特質的影響更為明顯。另一條與天頂軸線同樣重要的為上升軸線，是連結上升點與下降點的軸線。

Midpoint
中點

漢堡學派發展出來的技法，將兩行星或基本點（特殊點）的黃經相加除以 2，找出其中的位置，進而由此位置作為起點，每 45 度再找出另八個中點。漢堡學派認為，任何一顆行星、四角宮的起點，或北月交運行到另外兩顆行星的距離中點時，會產生強烈的影響力。若金星位於月亮與火星的中點，漢堡占星學派會以數學公式表示，記為「 Ve = Mo ／ Mar」，並認為此時無論此人的金星位於哪個星座或合宮，都會沾染上月亮與火星的強烈色彩。同時漢堡學派也認為，流年時任何一顆行星、四角宮的起點、北月交，經過這八個行星中點，就會產生相當敏感的反應。關於中點的應用，在本人跟 Jupiter 老師合著的《高階占星技巧》中有詳盡的介紹。

Midpoint Tree
中點樹

　　將一張星盤上互相產生中點的行星與特殊點，以樹狀結構圖呈現出來，以便觀察這些行星互動關係的圖。在這張圖中，所有因中點計算而產生關聯的行星都會被連結在一起，使我們得以看出行星間的整合與互動。中點樹又稱「宇宙圖形」（Cosmic Picture），這個名詞由漢堡占星學派大師艾伯丁所創造，但中點樹（Midpoint Tree）一詞較廣為人知。

Minor Aspect
次相位

　　次相位也稱次要相位。在占星學中，常見的次相位包括：半六分相（30度）、半四分相（45度）、五分相（72度）、八分之三相（135度）、倍五分相（144度）及十二分之五相（150度）。此外，還有現今較少人使用的七分相（51度26分）、九分相（40度）、十分相（36度）等。占星師多半給予次相位比較小的角距容許度與較微弱的影響力。

Minor Progression
次要推運

　　參見詞條「Progression 推運法」。

Minute
分

　　分不僅是時間單位，同樣也是角度的計量單位。在角度的計算方式中，每 1 度有 60 分，每 1 分有 60 秒。占星學中計算星盤上行星位置與上升、天頂位置時，常常要求精準到分，因為若僅有度數，在做流年推測時仍有可能產生誤差。

Mode
型態

　　占星學中將星座依其特性分為開創、固定和變動三個型態。這三種型態有時又被稱作「性質」（Quality）。開創型態的星座強調優先、固定星座的性質不易改變，而變動星座的性質反之無法捉摸。不過需要注意的是，「性質」一詞在傳統占星學中又另有所指，詳細內容請參見詞條「Quality 性質」。

Modern Planet
現代行星

　　指稱西元 1781 年後陸續被發現的行星，包括天王星、海王星和冥王星。其中，冥王星雖然在西元 2006 年的國際天文學大會中被降格為矮行星，但仍不影響冥王星在占星學上的定義與解釋。現代行星由於移動速度緩慢，在占星學的行星過運中有著重要的影響。值得注意的是，時辰占卜占星學中，大多數的時辰占卜占星師都不會使用這三個現代行星。

Moon
月亮

　　在占星學中，月亮是重要的個人指標，象徵日常生活、飲食、母親和童年等；心理層面上包含個人需求、情感、情緒反應等。在世俗占星學中，月亮與人口、農業有關；在醫療占星學中，月亮與乳房、消化系統有關聯。雖然月亮是地球的衛星，不過在占星學中稱行星時，有時也會把月亮包含在其中。

Moon Void of Course
月空

　　在傳統占星學與時辰占卜占星學中，認為當月亮在某星座經過某個主相位之後，若在離開該星座前不再產生任何主相位，就稱作月空狀態，意思是沒有任何事情會發生。在時辰占卜中，於月空時刻所提出的問題象徵無解、徒勞無功，擇日占星學也認為，在月空時刻所作的任何決定不具有任何影響。

Moon Wobble
月顫

　　月亮在地球的軌道上運行。當太陽與月亮交點合相或產生四分相時，月亮會受到太陽的影響而產生類似晃動的現象，稱之為「月顫」。占星師卡爾・佩恩・陶比（Carl Payne Tobey）在 1930 年提出，當月顫發生時，會有較多重大事件發生。這個觀點被多數

M

的世俗占星師與財經占星師採納。

Mundane Astrology
世俗占星學

　　研究天體運行對世俗事務所顯示出徵兆的占星學，是最古老的占星學。傳統的世俗占星學專門研究國家政治局勢與征戰；近年來，世俗占星學將範圍擴大到政治、經濟、文化甚至氣候的個別事件。

Mutable Cross（Grand）
變動大十字

　　當行星與基本點或特殊點分別處於四個變動星座，分別同時呈現對分相與四分相時，稱為變動大十字。擁有變動大十字的人，個性容易受到多變與不穩定的困擾。也有占星師會用「Mutable Cross」來稱呼四個變動星座。

Mutable Sign
變動星座

　　占星學上認為，太陽經過雙子座、處女座、射手座和雙魚座時刻，為季節交替的時刻，故稱這四個星座為變動星座。其性質為多元、多變，且容易接受改變，擅長調節自己跟上環境的變化；缺點為不穩定、善變、無法堅持到底、沒有毅力等。

Mute Sign
安靜星座

傳統占星學認為，當水星進入水相星座時會阻礙溝通，有時甚至會造成聽障與瘖啞，因此稱這些星座為安靜星座。而有些占星師認為，安靜星座也應包括變動星座的雙子座、處女座、射手座與雙魚座，認為這四個星座同樣容易造成無言、安靜的現象。

Mutual Reception
互融

在占星學中，當兩顆行星雙雙落入對方所守護的星座，稱為互融。例如：當守護牡羊座的火星進入金牛座，而同時守護金牛座的金星進入火星所守護的牡羊座或天蠍座時，就是互融的狀況。互融在占星學上具有合相的特質，也就是兩者的性質與能量相互影響。例如金星、火星的互融，金星會削減火星的衝勁與攻擊性，火星也會削弱金星的柔弱與優雅。

Mystic Rectangle
神祕信封

M

由星盤上兩組對分相、兩組三分相與兩組六分相所組成的圖形相位。這樣的圖形相位會產生一個矩形，又稱神祕矩形。其意涵多半暗示由兩組對分相所產生的挑戰主題，並透過六分相行星組合的主題帶來刺激與變化；三分相與六分相的主題可以象徵對挑戰的回應。

Naibodic Arc
耐波德弧

　　在太陽弧正向推運中，因為應用到太陽每日運行的度數，多數人以 1 度計算。但中世紀占星師耐波德（Naibodic）所計算出來的平均太陽每日運行度數為 59 分 08 秒，於是我們便將這度數稱為耐波德弧度。有的占星師在計算「太陽弧正向推運」時，會用耐波德弧度的度數來進行正向推運計算，這個計算方式又稱「基數（推運）法（Radix Method）」。其他應用在太陽弧正向推運的度數，還有 1 度，或依照每日太陽實際運行弧度（0 度 57 分到 1 度 01 分）作為計算的標準。

Natal Chart
出生圖

參見詞條「Birth Chart 出生圖」。

Natural Astrology
自然占星學

　　研究天體運行、自然變化及氣候變遷關係的占星學，也算世俗占星學的一部分。近年來在自然氣候的占星學研究上，包括日蝕、月蝕圖的研究，新月、滿月圖的研究，以及研究外行星循環對於地球氣候所產生的影響等。這層影響甚至應用到財經占星學當中的農產預測。同時，也有許多占星師以太陽中心圖作為自然預測的判斷。其理論為行星間的引力、太陽黑子以及太陽風暴的關係作為主要立論。

Neptune
海王星

　　太陽系的第 8 顆行星。在占星學中，海王星象徵藝術、幻象、理想化的境界，且與宗教、犧牲、將力量弱化或想法單純有關。在心理層面上，海王星象徵模糊的意識狀態，以及理想的境界。世俗占星學認為海王星與宗教、藝術、影像、景氣繁榮或景氣擴張有著密切的關聯，也有占星師認為海王星與地震有密切的連結。在醫療占星學上，海王星多半被認為是暈眩、體力虛弱、病毒感染、藥癮、毒癮、藥物中毒、瓦斯中毒或是精神虛弱、精

神狀態不佳有關。

Ninety Degree Circle
九十度盤

漢堡學派研究出來的一種占星技法。概念是將星盤區分成三個區塊（如圖），分別代表開創星座（牡羊、巨蟹、天秤、摩羯）在圓的左手邊，固定星座（金牛、獅子、天蠍、水瓶）在圓的下端，圓的右邊區塊則屬於變動星座（雙子、處女、射手、雙魚），再將這三個區塊各自分成 30 個刻度，整個圓就有 90 個刻度，因此稱為九十度盤。

Ninth House
第 9 宮

星盤上的第 9 宮與黃道上第 9 個星座射手座相互對應，象徵個人成長生活領域的擴張、宗教信仰、個人信念與哲學，以及與國際相關事物。在世俗占星學中，第 9 宮與大學系統、航空航運、宗教事物有關。

Nodal
交點的

在占星學中，「Nodal」往往是指與南北交點或其軸線有關的事物，例如：「交點圖」（Nodal Chart）。某些占星師會使用北交點作為黃道的起點，也有使用北交點作為上升點的觀測方法，這些

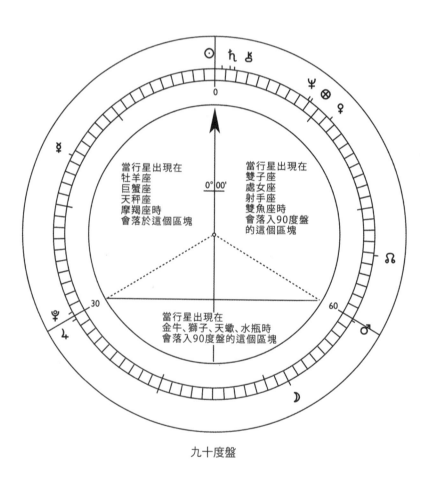

當行星出現在
牡羊座
巨蟹座
天秤座
摩羯座時
會落於這個區塊

0°00'

當行星出現在
雙子座
處女座
射手座
雙魚座時
會落入90度盤
的這個區塊

當行星出現在
金牛、獅子、天蠍、水瓶時
會落入90度盤的這個區塊

九十度盤

N

方法都稱為交點圖。最常見的包括龍頭圖（Draconic Chart），以及胡伯占星學派（Huber）的北交點圖，都是知名的交點圖應用。

Node
交點

一般而言，「Node」是指兩條軌道的交點。在占星學中，我們熟悉的月交點，就是月亮軌道和黃道的交點，稱作「月亮交點」（Moon Node）。有時在占星學中，我們會直接以「Node」來稱呼南、北月亮交點而不作他想。事實上，任何兩條行星軌道的交會點，在占星學中都可以稱作「Node」，但以「Node」稱呼月亮交點在占星學界中似乎已經是一種約定俗成的習慣。

North Node
月亮北交點

參見詞條「Dragon's Head 龍頭」。

Novile
九分相

兩顆行星，或行星與基本點、特殊點之間相距 40 度的相位，暗示這兩個行星所在的兩個宮位代表的事物必須同時進行；而所在的星座，則暗示完成這件事情所必備的兩個法則，但這個相位目前少有占星師使用。

One Degree Method
一度正向推運法

　　正向推運法有多種不同的計算方式。有以「耐波德弧」的 0 度 59 分 08 秒為主的基數正向推運，或是根據出生當日實際太陽運行度數的「太陽弧正向推運」。相比之下，「1 度正向推運法」的計算方式更為簡單，即每觀測 1 年的運勢，就將星盤上的所有行星都向前移動 1 度。這些方式都是採取行星在星盤上的象徵性移動，作為推測運勢的方式，而非實際的天體運行。有人習慣直接稱呼這個方法為「一度法」，但很可能會和中世紀以天頂移動作為預測方式的「一次推運（主限法）」產生混淆，所以在這裡以一度正向推運法稱之。

Opposite Sign
對立星座

　　指在黃道上相距 180 度的兩個星座。占星師認為，這樣的星座占據同一條軸線，其特性是擁有共同的主題，卻有著不同的觀點與表現方式。 許多人認為對立星座是相互矛盾的，事實不然。對立星座同樣都關心某個主題，但卻採取不同的立場來表現。例如：許多人都說牡羊座的人自我，而與牡羊相對的天秤座比較願意為他人付出。事實上受過完整訓練的占星師就會知道，牡羊與天秤同樣都關注自我的主題（都屬於本位星座），然而他們有不同的表現方式。牡羊座直接表達出需要別人關注自我的意願，天秤則是委婉地先付出，然後期待他人來關心自我。兩種不同的手法卻有著相同的目的，這才是對立星座的本質，而非單純的矛盾與衝突。

Opposition
對分相

　　兩行星或行星與基本點、特殊點之間成 180 度的角度，稱為對分相。傳統占星學將對分相視為凶相，主破壞；心理占星學則認為此相位代表我們投射在他人身上的情感和陰影，與伴侶或合作事物有著密切的關係。對分相不如一般人所認為的直接衝突，在心理占星學中，對分相也可以是一種與他人合作的方式。

Orb
角距容許度（容許度）

O

　　「Orb」原意有「球體」的意思，在占星學中專指形成相位的
角距容許度數，又簡稱「容許度」。在容許度的範圍內，該相位就
算是成立，但每個占星師都使用不同的容許度。有些占星師依照
相位影響力的不同，給予不同的容許度；有些占星師則認為不同
的星體要給予不同的容許度，甚至依照出相位與入相位來給予不
同的容許度。時辰占卜占星師大多使用威廉‧禮尼在《基督教占
星學》中列出的標準，其角距容許值更為複雜，且必須觀察不同
行星的不同容許值，然後將兩者的容許值相加，如果兩行星的容
許值在此範圍內就可以算是形成相位。例如：A 星的容許值是前
後 5 度，B 星的容許值是前後 3 度，那麼將兩者相加後，若兩星
得相位容許值在 8 度之內，就可以算是相位形成。下方列出兩種
常見的容許度範圍以供參考。英國占星學院、倫敦占星學院、心
理占星中心的標準角距容許度，則是依相位強度來分別。

角距容許度：依相位強度來分別

	相位	角距容許度
主相位	合相 0 度	16 度（前後 8 度）
	對分相 180 度	16 度（前後 8 度）
	三分相 120 度	16 度（前後 8 度）
	四分相 90 度	16 度（前後 8 度）
	六分相 60 度	8 度（前後 4 度）
次相位	八分之三相 135 度	4 度（前後 2 度）
	十二分之五相 150 度	4 度（前後 2 度）
	半四分相 45 度	4 度（前後 2 度）
	半六分相 30 度	4 度（前後 2 度）

角距容許度：依行星影響力來分別

（傳統占星學與時辰占卜占星學的角距容許度）

行星	角距容許度
太陽	15 度～ 17 度之間（前後 7.5 ～ 8.5 度）
月亮	12 度～ 12 度 30 分之間（前後 6 ～ 6.25 度）
水星	7 度（前後 3.5 度）
金星	7 ～ 8 度（前後 3.5 ～ 4 度）
火星	7 度～ 7 度 30 分（前後 3.5 ～ 3.75 度）
木星	9 度～ 12 度（前後 4.5 ～ 6 度）
土星	9 度～ 10 度（前後 4.5 ～ 5 度）

Oriental Planet
東方行星
Occidental Planet
西方行星

O

　　傳統占星學會根據行星是否在日出前能被觀察到，或是日落後才能被觀察到，而判定行星的影響力與性質的細微變化。在太陽升起前就能被觀察到的行星稱為東方行星，在日落後才能被觀察到的則稱為西方行星（Occidental Planet）。

Outer Planet
外行星

　　通常指軌道在主小行星帶以外的行星，包括木星、土星、天王星、海王星、冥王星。心理占星師則會以外行星專指近代發現的天王星、海王星、冥王星，是為了與社會行星（木星、土星）和個人行星或內行星（水星、金星、火星）作區別。

智神星
Pallas

　　智神星於西元 1802 年被發現，是一顆直徑 524 公里的小行星。「Pallas」其實就是我們所熟知的雅典娜（Athene），這是羅馬人對她的稱呼。對羅馬人來說，她是智慧女神；對希臘人來說，她不但是智慧女神更是戰神，只是雅典娜偏向戰術與謀略的使用，而非另一位戰神阿瑞斯（Ares，羅馬人稱瑪斯〔Mars〕，即火星）所使用的暴力與殺戮。在占星術上，這顆小行星的星座象徵智慧的謀略、處理事情的態度；而其所在的宮位則代表擅長處理的事情。

1　智神星所在的星座

智神星在牡羊座

此人習慣以行動來解決問題。他們喜歡速戰速決，直截了當是他們解決問題的方式。如果遇上麻煩，他們會直接朝問題走去，一口氣解決掉所有問題，卻往往忽略掉許多細節。在事物的安排上他們顯得較為主觀。

智神星在金牛座

受到金牛座的影響，他們需要花很長的時間來解決問題或安排、處理事情。通常他們習慣從物質與金錢層面下手，而且會很有耐心地確認問題真的被解決了。安排事物的先後順序時，他們也傾向以物質為優先考量。

智神星在雙子座

智神星在雙子座的人喜歡玩弄小聰明，就如同他們喜歡那種一次解決兩個問題的遊戲一樣。事實上問題真的解決了嗎？經驗告訴我們，並沒有，他們只是拖延住時間而已。

智神星在巨蟹座

他們習慣用情緒與情感的方式來解決問題，安排起事情來完全是隨情緒改變。有時哭鬧就是他們的最佳武器，他們認為只要動之以情就可以解決問題。當他們發現這招無效之後，就會轉身逃走，躲回自己的家裡。

智神星在獅子座

他們絕對不肯乖乖解決問題，因為這是他們大顯身手的好機會。他們會用最有戲劇效果的方式來安排事情，或解決問題。如果和他們發生衝突，事情很少能夠和解，除非和解是引人注目的方式。

智神星在處女座

這些人傾向把問題看得很仔細、很嚴重。通常他們很會安排工作的先後順序，也很懂得該如何處理問題，不過那種神經質又恐慌的態度，常讓周圍的人受不了。

智神星在天秤座

天秤座替人們帶來聰明的想法：讓其他人幫自己解決問題最快。當問題出現時，他們會傾向把問題丟給其他人，或是在安排事情時讓其他人幫忙做決定，而他們只要照著做就好了。

智神星在天蠍座

這些人善用極端的方式來解決問題，他們有最神祕和恐怖的手段。如果問題出現，他們喜歡私下安排不讓他人發現。他們也習慣使用計謀或藉由他人之手來解決問題。

智神星在射手座

　　他們傾向於解決人生的大問題，只問大是大非，那些雞毛蒜皮的小事就不要來煩他們，他們也沒有耐心處理細節。通常他們安排的計畫，只看得見遠大的目標。

智神星在摩羯座

　　這些人擅長組織作戰，他們知道藉由組織的力量，可以將事情發揮到最完美的狀態，於是他們喜歡指導別人來和他一起解決問題。他們也很擅長安排與計畫，而且執行起來一點也不馬虎。

智神星在水瓶座

　　智神星在水瓶座的人解決事情的模式絕不平凡，他們會用最天才的方法來解決，常常造成震撼效果，但當安排細項時卻很凌亂，且讓人無法了解他們的邏輯為何。但還是感謝他們的天才，因為他們都能夠成功解決問題。

智神星在雙魚座

　　他們擅長解決問題嗎？很可能並不，除非他們有一顆很棒的火星，否則他們常常利用模糊焦點的方法來解決問題。至於在安排事項上面？我想還是算了吧！最好讓人來替他們安排。

2　智神星所在的宮位

智神星在第 1 宮

他們擁有超強的執行能力，擅長解決問題、安排事情，不過都只在一個前提之下，那就是這些事情必須與他們有關。若這個人的智神星與上升結合，那又另當別論。

智神星在第 2 宮

這些人擅長處理金錢問題，也擅長做財務安排與規畫。他們對於這些事情相當在行，不過替別人做財務規畫這件事情恐怕很難，除非這能替他們帶來財富。

智神星在第 3 宮

他們擅長處理所有與溝通有關的問題，溝通技巧、方式，也擅長安排行程或是決定遊玩的地點等。如果兄弟姊妹和朋友需要他們幫助，他們也會義不容辭。

智神星在第 4 宮

他們擅長處理家庭關係，這對他們來說就好像家常便飯一樣。他們總是能順利解決家人的爭執。對於房屋買賣的計畫上，他們也有相當獨到的見解。

智神星在第 5 宮

他們喜歡解決愛情問題和孩子的教育問題。如果在娛樂場所

或運動場上有爭執時，他們也是不錯的調解人。他們是天生的康樂股長，擅長安排娛樂活動。

智神星在第 6 宮

智神星在這個宮位帶來最棒的職場達人，他們不但擅長解決工作上的問題，在安排工作流程上更是完美到無話可說。每當部屬有問題時，他們也能輕鬆解決。

智神星在第 7 宮

此人擅長解決伴侶關係的問題，對於合作間的細節，他們都能安排得很恰當。他們總是能輕易看出他人的問題所在，也樂於替他們解決問題，但他們不一定會去解決自身的問題。

智神星在第 8 宮

他們有能力去解決最難解的問題，許多神祕的事情，包括犯罪等，都能在他們敏銳的直覺下破解。他們也可能是最佳的犯罪謀略者，只要他們願意，就能把罪惡的事情處理得天衣無縫。別忘了，他們也是處理他人金錢和財務問題的高手。

智神星在第 9 宮

他們能夠解決的問題多半是精神性、思想性的，對於其他的問題可能一籌莫展。不過如果他們去從事外交事物或是教育事業的話，智神星在第 9 宮的能力就更能夠被發揮出來。

智神星在第 10 宮

他們擅長解決企業當中的問題，對於組織中的人事問題特別拿手，例如：勞資糾紛或公司內部的爭執。這方面的能力也可能讓他們成為企業領導者。他們對於事業發展安排得相當完美，成功絕對在他們的計畫之中。

智神星在第 11 宮

他們擅長處理人事問題，但這多半傾向於社交場合所發生的問題，或是團體與團體間的衝突。他們也擅長規畫社團的活動與運作方向。

智神星在第 12 宮

智神星在第 12 宮會把解決問題的能力隱藏起來。他們更關注許多其他人沒有關注的社會問題，孤單地奮鬥努力，但有些時候，他們會覺得無力而想要退縮。

Parallel Aspect
平行相位

行星在同一個天球緯度上運行稱為平行相位。例如：太陽的天球座標位置在北緯 5 度，而金星也同樣的在北緯 5 度時，就產生所謂的平行相位。其意義類似合相，會使兩顆行星的性質相互影響。平行相位與對立平行相位的使用，近年來開始被一些占星師重視。

Paran
共軸

在拉丁文中，其字義為「一同升起」，但今日在占星學中，「Paran」意指兩顆行星同時出現在天空的上升、天頂、下降或天底，例如：星盤上太陽位在天頂，而火星落在下降點上時，被稱為太陽與火星共軸。

而在恆星占星學中，當一顆行星出現在上升、天頂、下降或天底的同時，一個恆星也剛好處於自身繞行北極軌道上的至高處、至低處、地平線東方或地平線西方時，也稱為該恆星與行星的共軸。例如：當月亮在天底，而天狼星位在自身繞行北極軌道與東方地平線的接觸點（或至高處）時，便稱月亮與天狼星共軸。共軸的影響近似產生相位的影響，但對實際使用恆星的占星師來說，在判斷上仍可依據共軸所發生的位置來做出細節的差異分析。

P

Part of Fortune
幸運點

又稱命運之鑰、福點，是最常被占星師們使用的阿拉伯點，特別代表肉體或有形的寶藏。幸運點落入的宮位是生命中可以挖掘寶藏、得到好處的地方。由於這個點也代表身體，在傳統占星學中，如果與其他行星產生凶相位，容易暗示身體的殘缺。特別是流年如果有嚴重的凶星與幸運點產生衝突，暗示著容易出現意外。

Partile Aspect
正相位（度數相位）
Platick aspect
區塊相位

在古典占星學中，行星的相位觀測可以從兩個角度來判斷，一是應用兩星之間的距角來作為判斷，此種判斷方式稱作「度數相位」（Partile Aspect）；而另一種方式則是以行星所在星座的屬性來判斷，這種方式稱為區塊相位（Platick Aspect）。例如：當兩個行星分別在 29 度巨蟹座與 2 度天蠍座形成 90 度的四分相時，從「Partile Aspect」來看，他們是傳統占星學中的凶相四分相；但從「Platick Aspect」來看時，兩者的星座同屬水相星座，所以屬於吉相位。不過目前這兩種相位的判斷方式，僅在時辰占卜占星學中被使用。

「Partile Aspect」後來演變成另一種定義。當兩顆行星形成的

角距容許值非常小，誤差角距接近0度，形成符合正相位的角度時，我們也稱之為「Partile Aspect」。甚至有些占星師認為，必須同時符合兩顆行星的緯度也相同才能稱為「Partile Aspect」的正相位。

Peregrine
游離

在傳統占星學中，當一個行星不在自己的守護星座，同時也不在擢升的星座，更不在自己元素守護星座，也不在界守護與面守護的範圍裡時，被稱作游離。「Peregrine」一字為拉丁文，意思是「異鄉客」。當行星不在任何自己守護的範圍時，如同無依無靠的異鄉人之意。在傳統占星學游離被視為不吉利的象徵，可能暗示著無助，或者無自主權，進而需要觀察其支配星對其影響來作進一步的解釋。

Personal Planet
個人行星

個人行星，在占星學上的明確定義為水星、金星、火星。這三顆行星與個人性格、行為息息相關，有時占星師會以內行星（Inner Planet）稱呼。雖然我們知道在科學的定義上，太陽與月亮不算行星，但有時為了方便，便會把它們歸入個人行星的範疇當中。

Phlegmatic
黏液性質

傳統占星學與西方傳統醫療中的四體液之一，與水元素有關。詳細內容參見「Temperament 脾性」。

P

Pholus
佛魯斯星

半人馬星體之一。佛魯斯在希臘神話中是著名的人馬（請參考射手座的神話）。佛魯斯星被部分占星學家重視，認為他與混亂的狀況有關。其所在的宮位與星座，往往暗示著一個人生活中較為混亂的層面。在流年中如果有佛魯斯星與命盤的行星或上升、天頂軸線產生強硬相位時，常會帶來此時期生活的混亂狀態，這也是來自於他在神話故事當中的形象。

Pisces
雙魚座

黃道上最後一個星座，是變動的水相星座，其基本定義為感性的、慈悲的、犧牲的，具有強烈的藝術性格。在心理層面上，雙魚座代表打破自我與他人界線的無我境界，由這一層定義發展出雙魚座的慈悲精神。同時，雙魚座也常代表一種失去自我的渾沌狀態。雙魚座的符號為兩個相背對的括弧，由一條線串起，象徵黃道上的兩條魚和連結著牠們的繩索。雙魚座的傳統守護星為木星，而現代守護星為海王星。

Placidus House System
普拉西度制

　　由 17 世紀義大利數學家普拉西度（Placidus）提出，是目前世界上最流行的宮位劃分法。由主要是以天底到上升星座，以及上升星座到天頂所需的時間來劃分宮位。以地心為主軸計算，每 2 個小時畫出一個宮位，並以上升星座作為第 1 宮的起點、天頂為第 10 宮的起點，藉此找出第 2、3、11、12 宮的起點。普拉西度制屬於時間與出生地結合的計算方式，用這種分宮制就會出現「劫奪宮」，使得某個星座內的行星失去影響力。

Planet
行星

　　占星學上，行星的定義來自巴比倫人，他們稱行星為天體中的流浪者。凡是能夠以肉眼觀測到的規律移動星體，都被稱為行星，所以在占星學中，太陽、月亮、水星、金星、火星、木星、土星、天王星、海王星和冥王星為行星，與天文學的定義不同。天文學上，太陽為恆星、月亮為地球的衛星，水星、金星、地球、火星、木星、土星、天王星、海王星為大行星。冥王星於西元 2006 年的國際天文學會大會當中被降級為矮行星（Dwarf Planet），但並不損及其在占星學中代表的意義與地位。

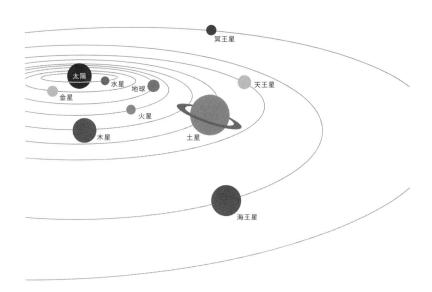

Plantary Hour
值時星

　　在傳統占星學中，每個小時由一個傳統行星守護，其順序分別是土星、木星、火星、太陽、金星、水星、月亮。這也是英文與拉丁文中星期日至星期六各個名稱的由來。星期日（Sunday）的第一個小時正好由太陽（Sun）守護。

Pluto
冥王星

　　「Pluto」是希臘羅馬神話冥府主神的羅馬名稱。在西元 1930 ～ 2006 年之間，冥王星被視為太陽系的大行星之一，但西元 2006 年的天文聯合會修正了天文學的行星定義，之後冥王星便被降為

矮行星，但在占星學中，仍將冥王星視為重要行星之一。在占星
學中，冥王星具有掩埋、重生、劇烈蛻變以及被隱藏的事情（多
半與傷痛有關）的意思；心理層面上，象徵最原始的生命力量、
求生意志與生命的延續、性愛。在星盤當中冥王星所在的宮位與
星座，代表著被我們遺忘的事情，以及容易帶來傷痛與引發內心
黑暗面的部分。世俗占星學認為，冥王星常帶來令人恐懼的蕭
條、大量傷亡或戰爭等不愉快的事情。

Political Astrology
政治占星學

　　在世俗占星學中，專門研究天體運行與國家運勢間關係的占
星學。政治占星學的研究可以透過國家誕生時的星盤研究，或國
家領導者的星盤作研究，也可以就一年四季入境圖作研究，或以
日、月蝕或新月、滿月圖作研究等。另也可以用國與國之間的星
盤互動等，來了解政局變化。詳細內容請參考本人著作《占星全
書》及《財經占星全書》中關於世俗占星學的部分。

Precession
歲差

　　又稱為均分點歲差（Precession of the Equinoxes）。在巴比倫
時代，3 月 21 日的春分點（Spring Equinox）正好是太陽跨入白羊
座的時候，這也是為什麼他們以太陽進入白羊座的 30 天作為第
1 個月。但這個規律在希臘羅馬時代卻出現了大問題。希臘羅馬

的占星學家發現，晝夜平分點那天的太陽並沒有落在白羊座，反而移動到了雙魚座，這才發現黃道帶背後的恆星群原來並不是固定的，而是以非常慢的速度移動著。這種移動的現象就稱為「歲差」。

　　天文學家們經過多年研究，也發現地球自轉軸會以2萬6千年的週期轉動。西元前1萬4千年，天空的北極是織女星，3千年前則是天龍 a 星，春分點則落在牡羊座。到了今日從天文學的觀測來看，天空的北極是北極星，而春分點已經落到了雙魚座的中間。

　　但是對古代的占星學家來說，春分這一天作為牡羊座的起始點，是定義行星位置的重要座標。如果不斷移動判定行星的位置，會有相當程度的困擾。於是大約在西元前1世紀左右，希臘的占星與天文學家們決定，仍維持將每年3月21日春分時刻，也就是晝夜平分點的太陽位置作為黃道上牡羊座的起始點（這時的晝夜平分點及太陽的位置已經在接近黃道上雙魚座的位置），並維持巴比倫時期的方式，從這個點開始將黃道劃分成12等分；也維持著原有的命名，並將這樣的黃道系統稱為「回歸黃道」（Tropical Zodiac）。由此，占星學分裂成使用恆星黃道的印度學派，與現今使用回歸黃道的歐美占星學。

Precessional Year
歲差年

　　詳細內容參見詞條「Great Year 大年」。

Primary Direction
一次推運（主限法）

　　一次推運是中世紀相當流行的流年正向推運技巧，以出生後天頂、上升的宮位移動與行星間的關係，來推算一個人來年或未來的運勢變化。最常見的簡化方式是，以天頂每移動 1 度來觀測出生後每 1 年的運勢。由於計算方式繁雜，在今日僅有少數占星師使用這種方式推測運勢。

Prime Vertical
主垂圈

　　從觀測者的角度來看，天球上通過地平線正東方、正西方和該地天空中最高點的大圓稱為主垂圈，又稱「卯酉圈」，是測量座標的方式之一。主垂圈常應用在分宮制度的計算上，中世紀所盛行的坎氏分宮法，就是應用主垂圈作為劃分宮位的依據。

Principal Place
重要位置

　　傳統占星學認為發光體（太陽、月亮）以及第 1 宮的守護星，通過第 7 宮、第 9 宮、第 10 宮、第 11 宮為吉利的象徵，並稱這些宮位為重要宮位。傳統占星學甚至認為，一個人的命盤當中若日月與 1 宮守護星未落入這些位置的人，成不了大器，無法取得重要的社會地位或成為君王。

P

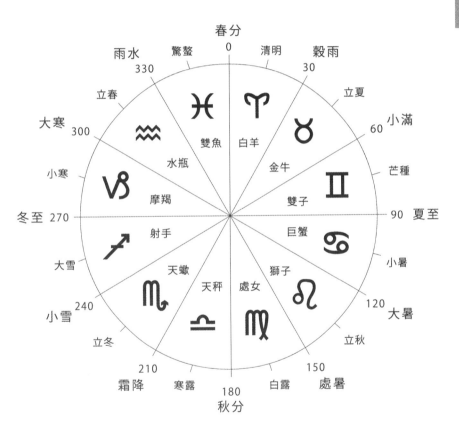

Progression
推運法
Progressed Chart
推運圖

　　以各種流年推運方式計算出來的星圖，同時又稱「Progressed Horoscope」。目前占星學界出現過幾種推運方式，包括：二次推運（Secondary Progression）、三度推運（Tertiary Progression）、次要推運（Minor Progression）及逆向推運法（Converse Progression）。但除了二次推運法外，其他方式都少有人使用。

　　目前占星學界對「Progression 推運法」有明確的定義，是以實際天體的運作來推測未來運勢的方式，與正向推運（Direction）是以象徵性行星的移動（例如：將行星移動 2 度來觀測 2 歲的運勢，而非實際天體的行星移動）有所區別。但在中文中我們常將這兩種推運方式混為一談，以致在翻譯名稱時也將「Direction」的方法稱為推運。此外必須注意的是，從方法上來說，原本稱為「一次推運」的方式常被歸類為象徵性移動的正向推運法當中。

推運法

二次推運法	以出生第 2 天的星盤作為預測第 2 年運勢的基礎，依此類推；30 歲的運勢預測就看出生後第 30 天的星盤。
三次推運法	以出生後 1 天的星盤，來預測出生後 1 個月亮回歸週期（大約是 28 天）的方式。
次要推運法	以出生後每一次月亮回到星盤上相同位置時刻的星盤，來作為預測未來 1 年的依據。所以出生後第 10 次的月亮回歸，可以用來預測出生後第 10 年的運勢。
逆向推運	以出生前 1 天的星盤，作為出生後 1 年的運勢推測基準。

P

心理占星學
Psychological Astrology

　　心理占星學是近代占星學的主流。從心理學及科學興起之後，占星學的神祕性質與命定論，被大多數抱持科學精神的人否定。受到瑞士心理學家榮格的研究啟發，占星家（及部分心理學家）開始轉而利用星圖來探討人類的心理。心理占星學派的占星師基本上有兩個大主流，分別是採用榮格式心理分析的心理占星學，以及以義大利心理學者阿薩鳩里（Roberto Assagioli）理論為基礎的「胡伯學派」。

　　榮格所展開的占星學研究，被視為占星心理學的濫觴。而倫敦占星學院第一任院長查爾斯・卡特（Charles Carter）在西元 1928年發表的《心理占星學百科》算是心理占星的第一步，當中討論行星與心理學的互動。這就是近代心理占星學的由來，但在當時，占星仍未擺脫宿命論的色彩，一直要到人文占星學派（Humanistic Astrology）的創立者魯德海雅（Dane Rudhyar），才算是心理占星學系統化發展的的真正開始。他提出人們本身的自由意志在星圖中扮演了決定的角色，並開始研究占星學中無意識心理的部分。

　　雖然心理占星學有許多流派或不同名稱，但基本上要討論的都是同一件事情，那就是利用心理學的詞彙與概念來解讀心理因素。但難道所有占星師都真的脫離了命運的判斷了嗎？答案是否

定的。觀察今日的心理占星學家們，仍將重點放在性格分析的論斷與命運的推算上，只是加上了心理諮商般的意見、鼓勵性的用語，或替人們找尋潛能開發的機會。早期的代表如人文占星學派的魯德海雅，而心理占星學派的大師麗茲‧格林、霍華‧薩斯波塔斯（Howard Sasportas）也在這方面多有研究。目前由麗茲‧格林創立的倫敦心理占星學中心（Center of Psychological Astrology，簡稱 CPA），其中的課程就是此學派的重要代表。要拿到該學院的證書並不簡單，你必須取得該中心的占星學文憑，同時也要取得心理諮商師的文憑，才算完成該中心的學業。

前面所提到的大部分心理占星學者，多採用榮格的分析心理學。而瑞士人胡伯夫婦（Bruno & Louise Huber）則另闢蹊徑，採用義大利心理學家阿薩鳩里的理論基礎。他們傾向阿薩鳩里的心靈整合方式，藉由整合意識、無意識以及更高層次的心靈狀態，使人們了解自己的生活與生命歷程。雖然胡伯學派並不是目前心理占星學的主流，但對於心理占星學的確有不少新見解，例如將整張星盤看作是一個生命時鐘，且使用獨特的星盤相位圖形解讀，以及截然不同的推運觀察法，在心理占星學上有著相當特殊的成果。他們出版了許多關於胡伯心理占星學派的書籍，並成立了占星心理學院（Astrological Psychology Institution，簡稱 API 或 Huber School），分別在瑞士與英國設有學院。有興趣的朋友不妨上網找尋他們的網站來研究。

事實上，心理占星學的影響相當廣闊，更由於心理學的詞彙大量地在我們日常生活中流竄，例如：情結、意識、無意識、潛

意識、自我等，使占星學家們有意、無意或無可避免地開始使用
這些共同語言。為何是有意、無意或無可避免呢？當一位分析命
盤的占星師拿起命盤，開始解釋這個人的個性時，不可避免地會
使用性格、人格、無意識這些詞彙，聽起來好像每個占星師都是
心理占星師，這是無可避免的狀態。而對榮格有研究的占星師，
就會更往榮格的理論去鑽研，不過他們多半不會把這些詢問者聽
不懂的詞彙拿出來嚇他們，最多用潛意識或戀母情結這些詞，就
能達到讓人覺得占星師很神的地步。這就是有意地展現心理占星
學真的很「心理學」。

今日也有部分占星師開始檢討心理占星學。他們認為心理占
星學盜用了榮格心理學的術語，卻忽略了榮格心理學對占星學的
實質看法。例如：瑪姬‧海德（Maggie Hyde）女士的《榮格與占
星學》一書中就提出了這樣的反思，卻也引起心理占星師的群情
激憤。許多占星師激動地表示，這本書對心理占星學的批判根本
是斷章取義。不過我倒是建議大家去閱讀這本書，並用自己的腦
袋思考一下海德女士的論點帶給你什麼啟發。

1　榮格心理學的幾個基本概念

要了解榮格式的心理占星學，我們得從榮格的心理學基礎開
始談起。在榮格的占星學中，他所談的心（Psyche）已經不再局限
於心智。在拉丁文當中，「Psyche」還有靈性、靈魂之意。

在榮格的人格概念中，有三種不同的層次：意識、個人
無意識、集體無意識。而在他的觀念中，整個人格的中心是自

性（Self），位居中央，被所有的意識、無意識、自我等環繞著。自性把一個人心理層次的所有原形、意識、無意識表現都結合在一起。自性（Self）是整合、完整的原型，它把所有的原型、情結，以及它們在意識中的顯現，都吸引到它的周圍，形成一個和諧、統整的現象，所以又稱完的自我，這一點與「Ego」的意識層的自我不同。

意識的中心是自我（Ego）。在意識層次的心理作用包括：推論、感情、思考、記憶，這些都是由意識的知覺、記憶和感覺組成，形成個人的認同。意識與無意識是相對的概念，簡單來說，意識是我們所知道的事物，無意識則是所有我們不知道的一切。

在自性（Self）與自我（Ego）之間，存在著個人無意識（Personal Unconscious）。個人無意識包括那些不被人認可、被遺忘的記憶，也就是說這些事情原本也存在於意識中，卻被遺忘或掩埋了。佛洛依德（Sigmund Freud）認為個人無意識來自童年的創傷或性心理的異常發展，但榮格抱持著不同的看法。他認為生活中許多事情都可以變成個人無意識。

個人無意識中，較靠近「自我」（Ego）的為「情結」（Complex）。情結一詞由榮格發揚光大，他指的是人格當中獨立的次人格。這些次人格擁有自己的能量與驅力，當它們被刺激時，就會產生某些思想或反應行為。這種情況特別容易發生在自我較為脆弱的時候。我們常聽到的戀母情結，就是指一個人對於母親相關的事物反應相當敏感，特別需要母親的照顧或是尋求類似母親的女性伴侶。

而較接近「自性」(Self) 的為集體無意識 (Collective Unconscious)，它指的是所有人類共同擁有的特質、對於事物的共同反應。全人類的集體無意識，就像藏在海底下的冰山一樣，不可測得。我們可以在許多神話中找到集體無意識的痕跡。不過這個學說也是榮格的學說中，最受批評和討論的部分。

集體無意識由「原型」(Archetype) 構成。原型存在於意識之外，是一種抽象的概念。簡單來說，就是各種人類共同擁有的經驗，且一再重複出現在不同文化與神話當中。在宗教、神話、夢境、幻想、習慣、思想當中，我們都能發現原型的蹤影。榮格曾提出許多原型的概念，最有名的就是「阿尼瑪／阿尼瑪斯」(Anima ／ Animus)。除此之外，還有諸如面具原型、陰影原型、父親原型、母親原型、聖童原型、智慧老人原型、智慧老婦原型、惡精靈原型、再生原型等，它們位於個人無意識與集體無意識之間。

介於「情結」與「原型」之間，分別是「人格面具」(Persona) 與「陰影」(Shadow)。「Persona」一詞原本來自希臘戲劇表演中，演員所帶的面具，象徵演員所扮演的角色。在榮格的人格面具當中，我們扮演著順應社會需求的表現，例如：勇敢的年輕人、溫柔的少女、稱職的父母等，以符合外在社會賦予一個人在人生舞台上的角色。這個面具，指的就是你要顯示給他人看的面具，且在不同的時候、不同的地點會有不同的面具出現。面具甚至不一定符合社會需求，有時也會因應社會的刺激而產生出反叛角色。人格面具相當重要，它的存在就如同皮膚的功用一樣，減輕外界

對內在自我（Ego）的衝擊。

陰影（Shadow）是人格當中不願意被看見的部分，它們多半代表不被社會認可的個性，例如：殘忍、邪惡或恐怖的性格。因為這些特質與社會要求並不符合，所以我們把他們丟棄，甚至逼到了無意識界當中。但事實上，這些陰影仍不斷在影響著我們，帶來恐懼或投射在他人身上，形成我們憎恨他人的原因。但榮格認為，陰影同時也是生命力與活力的來源，基本上不可以忽略它的存在，反而必須去正視與面對。

至於阿尼瑪與阿尼瑪斯，用最簡單的一句話來說，阿尼瑪就是男性內在的女性人物，而阿尼瑪斯則是女性內在的男性人物。透過這樣的投影，我們去尋找類似的另一半。不過在榮格的理論中，阿尼瑪與阿尼瑪斯具有更深層的意味——他們是一個人個體化（完成自性整合）過程的重要關鍵。在榮格和他追隨者的眼光中，必須把它們兩個當成是一組的角色，相互輝映。與陰影相同的是，它們被用來補充人格面具的的心靈結構，但存在於比陰影更深層的無意識，並且它們沒有好壞之分，只有陰性（阿尼瑪）與陽性（阿尼瑪斯）之分。

當人面對外界時，一些被排斥的事情與個性就會被阿尼瑪與阿尼瑪斯所吸收。例如：當媽媽對一個打算塗口紅的小男生說：「不行，男生該有男生的樣子，你不可以塗口紅會被別人笑。」這時表面上小男生聽了媽媽的話，放下口紅，但這個衝擊所造成的影響，就由阿尼瑪與阿尼瑪斯所吸收。阿尼瑪與阿尼瑪斯負責面對內在世界，同時幫助個人適應外在對自我的挑戰，也是「自我」

到「自性」溝通的重要橋樑。另外,它們是陰陽共存的結構,不可以將它們分開來。在男性當中有女性的存在,在女性當中也有男性的存在。學者認為它們都會顯現出靈魂的特色,並帶領我們進入集體無意識的地帶,幫助我們完成個體化的整合。

　　而榮格的另一個理論:共時性(Synchronicity)則是占星家最熱愛的字。這個看起來非常科學、心理學的字眼,代表有意義的巧合,又有人稱為非因果關聯。雖然榮格本身放棄了這樣的說法,卻一直被心理占星家們拿來解釋心理占星術的重要地位。

2　榮格學説在心理占星學的應用

　　在榮格及其追隨研究者眼中,認為一個人的心靈就是一張地圖,每個人在個體化的同時,就如同一場冒險,重複著一段又一段的神話之旅,或有如幻夢中的英雄事蹟、鍊金術士們追求長生不老的過程。而心理占星學家們,也把一張星圖當作心靈地圖,這張星圖所表示的就是完整的自我,也就是最接近榮格的自性(Self),這也是我們的最終目標──成就一個完整的個體。

星座在心理占星學上的意義

　　每個人有每個人不同的個體化過程,這當中不同星座的影響,帶給人不同的途徑與不同的能力。每個元素都有其獨特的能力,這些獨特的能力會應用在個體化的階段。在榮格的論述中,正好也將人分成了四種心理功能:感覺、思維、情感、直覺。於是心理占星學家們將這四種心理功能與四種元素相互搭配,找出

了火元素等於直覺，積極外向；風元素等於思維，尋求了解；土元素等於感覺，去感受實體的存在；水元素等於情感，受內在主觀意識與心理意象的影響很深。

而心理占星學家們又將黃道視為人格階段的暗示。牡羊座正好象徵脫離無意識界，展開個人意識的覺醒，他們的感覺是自我的存在，而火元素提供直覺來面對挑戰。金牛座接續著整合牡羊座有些凌亂的衝動行為，並發現了人有形體、也有限制。透過土元素的感覺，認識了物質的形體與價值。雙子座象徵人們第一次與外界接觸，但風元素的思考並不會使他們退卻，反而讓他們與外界有更多的互動，用心靈觀察外界，就是雙子座的自我發展過程。巨蟹座象徵透過外在觀察與思考之後，人們將這些經驗累積存回內心的世界，而水元素的影響也帶來情感的表現，對於這些外在事物的情感反應，他們必須去體認這些情感由何而來。

進入下一個步驟。在獅子座的時候，人們完成了第一階段的自我甦醒，接下來面對外在社會，卻不知如何反應，他們心中的恐懼與害怕開始出現，他們必須替自己在社會舞台上找出定位。他們直覺地將金牛座的感覺、雙子的思考與巨蟹的經驗、情感，拿來組成了意識當中的「自我」。在這時候，人的性格開始被塑造。為了回應外在，阿尼瑪與阿尼瑪斯也開始有更劇烈的活動，人們也開始意識到外界直接對內在自我的衝擊，因而在下個階段產生了處女座。

處女座對於獅子座的需求產生回應。在這個階段，人們再次利用感官能力來探索。這次不僅是外在，同時也是對內在的探

索，因而產生觀察、比較、分析與批評。他們同時間持續承受著自我與外在的衝擊，努力想讓自己符合外界的標準，也使得他們開始判斷自己，並將不符合社會規範的事情從自我中排擠出去。根據榮格的心理學理論，我們知道這些事情，都逐漸被陰影、阿尼瑪、阿尼瑪斯及個人無意識所吸收，也開始在自我個體化的過程中逐漸被天秤座影響。

　　天秤座為了反映在處女座階段想要避開的社會批判，而壓抑行為，於是有了另一張顯著的人格面具產生，並致力於自我意識中那些被批評為負面的部分。有時這張面具呼應社會，有時則以反叛角色出現。外界的人對天秤座階段的人最具有影響力，也使得他們的中心從自我轉移到他人。風元素帶給他們思考如何與這世界呼應，阿尼瑪與阿尼瑪斯也在此階段開始投射在他人的身上。

　　由於天蠍座也代表性，亦是人們尋求內在另一半的過程之一。同時，也因為過多壓抑與排除負面特質的影響，自我無意識的作用加大了，人們開始恐懼，諸如：死亡。天蠍座用他的感覺與經驗來體會恐懼，但越是如此，問題就越多。

　　到了射手座階段，火元素的直覺與行動促使他們去尋找問題的答案。所謂探索真理、研究的階段就在此時出現。透過這些行動，人們不斷成長與茁壯。到達摩羯座階段時，他們已經擁有十分強大的力量與權力，本身也樂於運用這些能力去創造屬於他們的世界（事業），與外界的接觸又再次帶來不同的人格面具。同時土元素的感官，讓他開始意識到，物體經過長久的使用開始衰敗，引起他們的憂慮。

　　到這裡，他們進入了下一個階段水瓶座。在水瓶座時，人已經熟悉摩羯座所建立的領域，且對外界十分熟習。他們與外界互動得更加頻繁，且思考著如何避開衰老與敗壞的問題。透過不斷思考問題與實驗，推動他們朝生命的最後一個階段走去。雙魚座的領悟顯示在水瓶座的思考找到了答案。透過所有過去的經驗，他們體驗到自身與宇宙的呼應，而完成了個體化的階段，並且再次進入下一個階段。

　　除了這些基本的解讀之外，麗茲・格林更強調，占星家們要從每個星座的背景神話下手，去了解星座符號背後所暗示的人生意涵。例如：牡羊座的性格與人生，與希臘神話中傑遜王子取金羊毛的故事有著緊密的連結。透過了解每個神話的背後意涵，我們更能輕易掌握心理占星學的解釋技巧。

宮位在心理占星學的意義

　　心理學占星師除了將心理功能套用在元素上、將個人生命探索歷程套用在黃道上之外，也將命盤上的宮位視為個人人格的形成要素，以及自我覺醒的歷程。個人存在、展開覺醒的第 1 步透過第 1 宮來表示；而「自我」這一層意識的中心，則透過第 5 宮來表現，由知識、感覺、記憶和經驗形成了個人認同。第 9 宮則代表了自我覺醒的歷程。透過這個歷程，人們發現更多內在自我的存在。透過思想的成長，來形成個人的人格，也是自我整合重要的一環。第 3 宮則代表對外界的探索與吸取知識；第 7 宮是與他人互動、共同生活；第 11 宮則代表與團體的互動。

　　意識層面從第 2 宮開始展開。首先意識到的，就是需求的滿足以及反映在自身的感覺。而與他產生關聯的第 6 宮代表集體意識。這個意識是受到外在環境的影響，就如同榮格所說的，包括所有傳統、約定、風俗、偏見、規則以及人類共同的標準。至於第 10 宮代表個人呈現出符合他所處時代與地點的形象，這當然就是一張相當重要的人格面具。

　　無意識的層面更是心理占星學的特質。傳統上，第 4 宮、第 8 宮、第 12 宮是如此難以解釋，卻能透過心理占星表現得淋漓盡致。在心理占星學中，第 4 宮代表透過情感與情緒反應，來表達的無意識層面。而第 8 宮幾乎是整個個人無意識的重點。第 8 宮詮釋了個人的無意識：刻意被遺忘的事情、個人所擁有的特殊情結，也包括許多的原型陰影、阿尼瑪、阿尼瑪斯等。第 12 宮則代表榮格的重要發現：集體無意識（或稱集體潛意識）。所有的人類記憶、神話、夢想都累積在這裡。而由於整個無意識層面相互影響，第 4 宮的情緒反應，揭露的只是冰山一角，反映下層的個人無意識和更下層的集體無意識。而位於中間第 8 宮的情結與陰影，則透過與第 1 宮、第 5 宮、第 10 宮的互動，接收被排擠的負面特質，並與集體無意識互動，然後透過情緒表現出來。

　　在宮位的觀察上，我們還可以有下列的解釋：第 2 宮與第 8 宮分別代表個人意識與個人無意識的互動（第 2 宮將受到壓抑的部分交給第 8 宮）。第 2 宮的自我意識透過與外界互動，朝著第 10 宮的意識面前進，但這當中為了避免第 5 宮所代表的自我受挫，第 10 宮又將一部分的負面特質，經由情緒的內化交給第 4 宮，再

由第 4 宮透過本身第 4 宮、第 8 宮、第 12 宮的互動，形成了情結
與原型。

行星在心理占星學的意義

在心理占星學中，行星代表意義相當複雜，因為這仍是
一門相當年輕的學問，有待學者研究。有人認為，太陽代表自
性（Self），月亮代表情結與無意識；水星則代表人格面具，因為
它決定個人在他人眼中的形象，及其外在社會價值觀與在集體中
的情況，還有在社團生活中承擔的角色。金星代表阿尼瑪，火星
代表阿尼瑪斯。木星代表自我，因為它代表一個人可以改變的人
生觀和哲學取向；土星代表陰影，因為它擁有調節的力量。這樣
的說法確實謀合某些部分的榮格學說，卻很難自圓其說。若太陽
代表自性（Self），那豈能符合自性中完整自我的定義？月亮確實
可以代表部分情結與無意識的情緒反應，但水星代表人格面具，
亦指代表了水星的變化能力？這些論述都仍需要我們加以思考，
並不能照單全收。

在當代心理占星學研究上，應用榮格的心理分析且較為有系
統的心理占星學者，分別是哈馬克‧宗達格（Hamaker Zondag）、
麗茲‧格林與史蒂芬‧阿若優（Stephen Arroyo）。

哈馬克‧宗達格認為行星象徵心理機制，或是帶來趨力，影
響無意識中的原型。他認為太陽代表自我，自性應是由整張星圖
代表；月亮代表趨力與無意識的情緒性行為。水星代表天生行為
模式的表現與自我呈現。金星代表人際關係的趨力，尋求、渴望

被他人認同；而火星反之尋求對抗他人，代表對外的行為。但金星、火星這兩者又同時代表性的伴侶。木星代表追求宗教與精神提升的趨力；土星代表與自我情結抗衡的控制力量與自我壓抑。天王星象徵無意識的改變趨向，具有反抗情結及閹割情結；海王星具有將事物理想化的趨向。而冥王星則與權力情結有所關係，也是一種使人發現自我弱點與改革的重要關鍵。

英國心理占星學中心的創立者麗茲‧格林博士，也有一套不盡相同的看法。她認為意識面是由月亮、太陽、天頂所代表，無意識面則是由土星代表；對於陰影，她認為土星影響重大。但基本上，有別於傳統的占星學觀點，心理占星學將火星、土星、天王、海王、冥王星都視為一種幫助人們邁向整合自性的趨力，而不是將他們視為凶星。此外，麗茲‧格林分析心理學的神話與心理原型理論，將之結合、應用在行星的解釋與整體星盤的解讀當中。這更是近年來歐洲心理占星學派的主流，這兩個學派都較傾向於心理學中榮格的理論。

這些心理占星論述都頗為為中肯，但仍尚未揭示榮格學說的真正意涵。心理占星學的發展還有許多成長空間，如果你有興趣，心理占星會是一門值得研究的占星領域。

推薦參考書

《Chart Interpretation Handbook: Guidelines for Understanding the Essentials of the Birth Chart》by Stephen Arroyo

《Astrology of Personality: A Reformation of Astrological Concepts and Ideals in Terms of Contemporary Psychology and Philosophy》by Dane Rudhya

《Psychological Astrology: A Synthesis of Jungian Psychology and Astrology》by Karen Hamaker-Zondag

《The Inner Planets: Building Blocks of Personal Reality (Seminars in Psychological Astrology, Vol 4)》by Liz Greene, Howard Sasportas

《Dynamics of the Unconscious: Seminars in Psychological Astrology (Seminars in Psychological Astrology, Vol 2)》by Liz Greene, Howard Sasportas

《The Development of the Personality (Seminars in Psychological Astrology ; V. 1)》by Liz Greene, Howard Sasportas

《Aspect Pattern Astrology》by Bruno & Louise Huber（胡伯學派）

《The Planets and their psychological meaning》Bruno & Louise Huber（胡伯學派）

《Life clock》by Bruno & Louise Huber（胡伯學派）

《Jang and Astrology》by Maggie Hyde（中文版《榮格‧占星術》由立緒出版社出版。由於作者本人學習卜卦占星學，因此本書內容較偏向對心理占星學的綜觀與反思。）

占星家語錄

「任何人的星盤都是他前世的想法、欲望，和動機的結果。這些被具體化成為一張網或一件衣服，讓靈魂穿上。由這個過程建立了此人的業力，或命運。」

—— 19 世紀英國占星大師　愛倫·里奧（Alan Leo 1860 ～ 1917）

Quadrant
象限

　　星圖中由上升點起，每三個宮位為一個象限。在黃道上也可以這樣應用，從白羊座到雙子座為一個象限，依序類推。象限多半應用在星盤上，觀察 1 至 3 宮的象限為自我需求的呈現，4 至 6 宮的意涵為情緒與自我表達，7 至 9 宮代表與他人的互動，10 至 12 為與公眾及宇宙的互動。

Quadrant Method
四分制

　　許多分宮法都以上升為第 1 宮起點，並且拉一條軸線穿過星盤，到達其 180 度的點，即為下降點及第 7 宮的起點，由此將命

盤分成兩等分。再將天頂視為第 10 宮起點,並拉出一條軸線到其相對 180 度的點,即為天底與第 4 宮的起點。如此便將星盤分成四等分,最後再將其餘星圖的空間以投影的方法分出 12 宮。

Quadruplicity
星座性質三分法

將星座依其型態(Mode)每四個一組,分為基本宮(開創星座)、固定宮(固定星座)和變動宮(變動星座)三組。其英文字首「Quadr-」為四的意思,代表每一組都有四個星座,但在中文上若直接翻譯可能無法傳達原意,所以稱為星座性質三分法。

Quality
性質

今日占星學中常講的性質,往往是型態(Mode)的意思,也就是基本、固定、變動的區分方法。但在傳統占星學中,性質又另指每元素星座具有的氣候性質:冷、熱、乾、濕。火相星座同時具有乾燥與熱的性質,土相星座具有乾燥與冷的性質,風相星座具有潮濕與熱的性質,水相星座具有潮濕與冷的性質。在卜卦占星學中,星座的特質被視為判讀的重要依據。例如:當詢問關於氣候的問題,象徵星若出現於火相星座意味著氣候乾且熱,若出現於水相星座則暗示又濕又冷的天氣。此外,當問題與情感或人際關係有關,兩人的象徵星若沒有出現共同特質的星座,就表示他們無法互相認同,例如:火相星座與土相星座可以藉由彼此

都有「乾」的特質而獲得認同，而火相星座與風相星座則因同時擁有「熱」的特質可取得共鳴；但是火相星座與水相星座完全沒有任何特質與互動。若在卜卦占星學的問題中，兩人的象徵星分別出現在火相與水相星座時，彼此產生的認同度恐怕不高。但這種特質的區分在現代占星學的應用當中並不常被使用。

傳統占星學之性質

冷熱＼乾濕	乾	濕
熱	火相星座	風相星座
冷	土相星座	水相星座

Querent
詢問者

在時辰占卜占星學中，提出問題的一方稱為「Querent」。通常是由第 1 宮來代表提問題的這個人，而第 1 宮的守護星所落入的星座與宮位，以及和其他行星的互動可以顯示出詢問者目前的處境。要特別注意的是，若詢問者所問的問題與自身無關，則重點就不必擺在上升守護星，而要注意與問題有關的象徵星。

Quesited
詢問主題

指在時辰占卜中，被提出的問題或成為問題本身的人及事件。例如：一個人前來問他的女兒是否能考上大學時，詢問主題就是女兒與女兒高等教育，這時關鍵的行星包括月亮、金星（女

兒）、水星（學習）、第 5 宮的守護星（同樣代表女兒），以及第 1
宮（因為從第 5 宮算起的第 9 個宮位代表女兒的大學學習），這些
行星都可以成為象徵星。

Quincunx
十二分之五相 ⊼

指兩行星或行星與基本點、特殊點之間形成 150 度的相位，
又有人稱作「補十二分相」或「Inconjunct」。傳統占星學認為此相
位與財產、健康、不幸及死亡有關。心理占星學則認為這個相位
與刺激還有心理上的盲點有關，他們認為人們無法正視問題而有
愧疚感，並促使自己不斷修正態度。但也有占星師認為合盤中若
出現這樣的角度，有利於增加雙方的互動。

Quintile
五分相

兩行星或行星與基本點、特殊點間形成 72 度的距角，代表創
意與藝術特質。五分相並非占星學的主要相位，不過特別在研究
一個人的藝術與創作特質時，五分相與倍五分相（144 度）都十分
受重視，五分相與倍五分相雖然具有創作與藝術特質，但也都具
有延遲才能表現的意涵。

占星家語錄

「並非事件發生在人們身上，而是人們去引發問題。當人遇到一個特殊事件時，是因為他需要這事件來幫助自己，在潛在可能下讓自己變得更為完整。」

——人本占星學派創始者　丹‧魯德海雅

（Dane Rudhyar 1895 ～ 1985）

R

Radical Chart（Radix Chart）
基礎圖

在占星學中，基礎圖常指出生時刻的出生圖。占星師以此為基礎來做流年推運或合盤的工作，故稱基礎圖。

Radix Method
基數推運法

參見詞條「Naibodic Arc 耐波德弧」。

Reception
收受（接納）

在傳統占星學中，收受或接納是相當重要的概念。一個行星

會根據其所在的星座及度數，跟該星座不同程度的守護星產生收受的關係。星座的守護星會像是房屋的主人一樣，接待前來拜訪的行星。支配星在某些程度上會影響所收受的行星，若支配星強勢且吉利，甚至可以對所收受的行星帶來更多好處。

有些占星師認為，支配星與被收受（被支配）的行星之間應該要產生主要相位，才能稱為彼此間有收受關係；有些占星師則認為彼此間即使沒有產生相位也沒關係，兩者之間的相位只是讓他們的互動更為顯著、穩固。例如：月亮在射手座，木星是其支配星，這時月亮就被木星收受了。如果月亮與木星間有著合相、對分、三分、四分、六分的相位，那麼這一層收受的關係就會更加強大。若木星的狀態是吉利的，那麼月亮多少也能受到木星的庇蔭。而有些占星師則認為，收受也需要考慮到行星的速度。運行速度快的行星（月亮、水星）無法收受速度慢的行星（木星、土星）。

Rectification
生時校正

占星學的星盤計算需要精確的出生時間來繪製星盤，差個幾分鐘可能就會成為不同的星盤，進而影響解讀。但如果出生時間不正確，例如台灣多數人的出生時間都以時辰作為單位，而無法精確推算出星盤正確的上升、天頂位置，這時就需要做出生時間校正（又有人稱生時校正、星盤校正，或套用中國命理稱為定盤）。不同的占星學派有不同的生時校正方式，最常見的是依據生

命歷程中事件的發生時間點，來與推運或太陽弧正向推運的盤作呼應，以校正出精確的出生時間。

Regiomontanus System
芮氏分宮法

中世紀相當流行的分宮制，由 15 世紀的占星家穆勒所創，芮久蒙塔努司（Regiomontanus）則是他的拉丁文名字。主要的計算方式是以天球赤道與東方地平線的交會為起點，在赤道上每 30 度為一個劃分，共畫出十二個點，再將這十二個點以南北極平於赤道為軸心，投影到黃道上找出十二宮的位置。這個分宮法是從坎式分宮法中蛻變而來的。由於盛行於中世紀，並在時辰占卜大師威廉‧禮尼的書中使用，於是許多時辰占卜占星師至今仍堅持使用芮氏分宮法。

Relationship Chart
關係圖

又稱「Davison Chart」或「Davison Relationship Chart」，屬於中點組合盤計算方式的一種。占星師羅南德‧戴維遜依據兩個人出生時間及地點的中點，來繪製一張組合星盤。不過在合盤技巧中使用「Davison Chart」的人並不多。

Relationship House
人際宮位

　　參見詞條「Air House 風相宮位」。

Relocation Chart
地點置換圖

　　一個人的星圖是依其出生時間與出生地作為判斷,但當一個人移居到其他地方時,我們可以將出生地更換到其他地點,重新繪製出生圖,所以其出生命盤的行星位置不變,但宮位可能會做一些調整。這也可以觀察出一個人移居到另一個地方時,性格的改變,是移民占星學中的重要工具。「地點置換圖」在本人著作《占星全書》、《高階占星技巧》中有更詳細的介紹。

Retrograde
逆行

　　以地球為觀測中心時,一般而言行星呈現由東向西的前進方向,但因行星軌道、地球與該行星運行的相對速度,有時行星會有一段時間呈現由西向東的方向前進,稱為逆行。逆行在占星學上有著特殊地位,傳統占星師認為逆行會使行星發揮弱勢的影響力;業力占星師認為逆行的行星是一個明顯的前世印記,代表前世未完成的課業。心理占星師則認為逆行的行星代表一個人在早期的發展之後所停頓的事物,最後會在這個人準備周全之後,重新涉入這個領域當中。

Return
行星回歸

　　在占星學中，星體的移動是循環的。例如：月亮每 28 天左右會繞完黃道一週，回到同個位置；太陽每一年會回到黃道的同樣位置。當行星回到出生圖上相同的位置，就稱為「Return」，用來作為未來一個行星循環的流年預測方法。最常使用的幾個行星回歸，包括：太陽回歸、月亮回歸、土星回歸。而「Revolution」是占星學上「行星回歸」的另一種說法。

Revolution
行星回歸

　　參見前述詞條「Return 行星回歸」。

Rising Planet
上升星

　　在星盤中與上升點合相的行星稱為上升星，其行星特質容易在個人身上突顯出來。上升星在星盤中占有相當重要的地位，其影響力不低於太陽與月亮對個人所帶來的影響。在心理占星學中，上升星會是這個人與社會互動時，想要強烈帶給他人的感受。此時行星的基本意涵所帶來的特色，大過於行星受到星座與宮位的影響。

Rising Sign
上升星座

參見詞條「Ascendant Sign 上升星座」。

Ruler
守護星
Rulership
守護關係

在占星學上，每個星座或宮位都有其相關聯的守護行星，稱之為「Ruler」、「Dispositer」，或「Lordship」。在傳統占星學中，當行星進入其守護關係的宮位與星座時，都代表相對的強勢；若進入守護星座或宮位對面的星座或宮位時，就代表該行星影響力減弱。守護關係依照傳統與現代可以分為：

牡羊座與第 1 宮的守護星為火星，金牛座與第 2 宮的守護星為金星，雙子座與第 3 宮的守護星為水星，巨蟹座與第 4 宮的守護星為月亮，獅子座與第 5 宮的守護星為太陽，處女座與第 6 宮的守護星為水星，天秤座與第 7 宮的守護星為金星，天蠍座與第 8 宮的守護星為冥王星（同時擁有共同的傳統守護星為火星），射手座與第 9 宮的守護星為木星，摩羯座與第 10 宮的守護星為土星，水瓶座與第 11 宮的守護星為天王星（共同守護星為土星），雙魚座與第 12 宮的守護星為海王星（共同守護星為木星）。

守護關係

星座	宮位	星座／宮位的守護星
牡羊座	第 1 宮	火星
金牛座	第 2 宮	金星
雙子座	第 3 宮	水星
巨蟹座	第 4 宮	月亮
獅子座	第 5 宮	太陽
處女座	第 6 宮	水星
天秤座	第 7 宮	金星
天蠍座	第 8 宮	冥王星、火星
射手座	第 9 宮	木星
摩羯座	第 10 宮	土星
水瓶座	第 11 宮	天王星、土星
雙魚座	第 12 宮	海王星、木星

R

S

Sabian Symbol
莎比恩符號

　　20 世紀初期，美國占星師馬克‧瓊斯與靈媒艾西‧偉勒（Elsie Wheeler）共同創作出莎比恩符號，企圖找出每個黃道度數的特殊意涵，並以詩文來形容此度數的特性。此方法後來被魯德海雅進一步詮釋與推廣。莎比恩符號是占星學研究中較為細膩、特殊的部分。

Sagittarius
射手座

　　黃道上的第 9 個星座，變動的火相星座。其基本性質包括：宗教、哲學、高等教育、擴張領域、成長、國際事務、長途旅行

等。在心理層面上意味著世界的探索（藉此延伸出旅行、國際事務、與教育等特質）與自我發展。射手座的符號為箭頭，在占星學上守護星是木星。

Sanguine
血液性質

傳統占星學與西方傳統醫療中的四體液之一，與風元素有關。詳細內容參見「Temperament 脾性」。

Satellitium
星群

在星盤中，若有三顆以上的行星同時形成合相，稱為星群。「Stellium」則為星群的美式英文拼法。占星師認為，星群為命盤上相當重要的一個指標。有星群落入的宮位會成為此人生命中的重點生活層面，也代表此人生活中的重要生命主題。星群的解讀方式有幾個可以掌握的重點。首先，整個星群的守護星是哪一顆星落於哪一個星座與宮位，將會引導整個星群的力量前進；其次，注意整個星群中順時針方向並最接近東方地平線（上升星座）的第 1 顆星，該星也同時具有引導的功能。

Saturn
土星

太陽系的第 6 顆行星；在傳統占星學中，土星為距離最遠的

行星。傳統占星學認為土星是一顆帶來厄運的行星。現代占星學對其基本定義包括：保護、限制、冷漠、經驗、長輩等；心理層面上的定義為壓抑、恐懼、擔憂與過去的不愉快經驗。在世俗占星學中，土星與權力機構、管理機構、大型組織有關。在醫療占星學上土星與骨骼、牙齒和皮膚都有關係。

Scorpio
天蠍座

黃道上的第 8 個星座，固定的水相星座，其性質包括事物的結合、死亡與重生、激烈的轉變等。心理層面的意涵，暗示著心中的黑暗層面、自己不願面對的傷口與醜陋的事件，同時也與控制、慾望和生存意志有關。天蠍座的符號為蠍子尾部的刺針，其守護星在傳統上為火星，同時冥王星為天蠍座的現代守護。

Second House
第 2 宮

星盤上的第 2 宮與黃道上第 2 個星座金牛座相互呼應。傳統的第 2 宮被簡稱為金錢宮，代表金錢、個人價值觀以及獲得資源和能力的方式。也有占星師認為，第 2 宮使我們具有形體，所以也與我們的肉體有關。在心理意涵上，第 2 宮象徵一個人的自我價值、物質所帶來的安全感。在世俗占星學中，第 2 宮象徵一個國家的財政狀況、金融系統的運作等等。

Secondary Progression
二次推運

　　以出生後 1 日的行星位置，來推算、預測出生後 1 年運勢的方式，就稱為二次推運法。是在電腦普及之前最為普遍的流年推算方式。

Sect
晝夜尊貴

　　在傳統占星學中，每個行星都有自身的陰陽性。陽性為白天與男性的特質，陰性為夜晚與女性的特質。陽性的行星為太陽、木星、土星，陰性的行星為月亮、金星。火星的看法則分歧，不過大部分占星師認為火星應屬於陰性。而水星若是比太陽早升起的東方行星則為陽性，若是在日落之後才能被看見的西方行星則為陰性。也有些占星師用不同的方式判斷水星的陰陽性。

　　晝夜尊貴的影響並非最主要的吉凶判斷，但這概念在希臘時代的占星學相當受重視。判斷的方式為，必須先觀察星盤究竟是白天的星盤或夜間的星盤。簡單的判斷為太陽在 7 ～ 12 宮是白天星盤，太陽在 1 ～ 6 宮則為夜間星盤。當一個白天的行星出現在白天星盤的上半部（7 ～ 12 宮），會被視為擁有自身的晝夜尊貴；相反，當一個夜間的行星出現在一張夜間星盤的上半部 1 ～ 6 宮，則被視為擁有自身的晝夜尊貴。

　　「Hayz 共性尊貴」與 Sect 有些相似，同樣根據行星的陰陽性及星盤的晝夜區分來判斷，但更為複雜，且影響力或許不如晝夜

尊貴。假設一個白天行星，例如木星，當它在白天星盤中出現在天空當中，他擁有晝夜尊貴，若又在陽性的星座，則該木星不但擁有晝夜尊貴的強勢，還同時擁有共性尊貴。

但如果木星出現在晚上星盤中，屬於陽性星的木星在夜間首先已經失去了晝夜尊貴的強勢。此時如果木星沒有出現在天空中，而是在地平線下的 1 ～ 6 宮，同時又在與自己相似的陽性星座時，他被稱為具有共性尊貴。同理，一個陰性的行星（例如金星）如果出現在白天的星盤的 1 ～ 6 宮地平線下，且落入陰性星座，雖然不處於晝夜尊貴的狀態，卻處於共性尊貴的狀態。

See-Saw Shape
蹺蹺板型

瓊斯圖形之一，所有行星形成兩個 180 度對立的集團，中間的空白間隔需要至少 120 度。擁有這類星圖的人在決定事情前考慮周詳，就如同蹺蹺板兩邊的重量，始終試圖取得平衡。這樣的人也習慣平衡事物，喜歡從事件的兩端來看待，找出最適當的平衡。根據研究，這種星圖常與天秤座和雙魚座有關。

Semi-Sextile
半六分相

當星盤上兩行星之間或行星與基本點、特殊點之間形成 30 度相位時，稱為半六分相，屬於次相位。傳統占星學認為半六分相是吉凶參半；心理占星學認為此相位帶來輕度的刺激條件。人文

蹺蹺板型

占星學派認為半六分相是一種人我之間不同之處的初步體驗，這
種體驗容易在後來變成衝突。半六分相與半四分相在近代占星學
中並不十分被重視，在時辰占卜占星學當中甚至不被使用。

Semi-Square
半四分相

　　當星盤上兩行星或行星與基本點、特殊點間形成 45 度相位，
稱為半四分相，屬於次相位。傳統占星學視半四分相為凶相。心
理占星學認為此相位與引發衝突、意外有關。半六分相與半四分
相在近代占星學中並不十分受重視，在時辰占卜占星學中甚至不
被使用。

Separating Aspect
出相位

兩顆行星或行星與基本點、特殊點之間，形成正相位（0度角距）之後，開始分離時稱為出相位。大部分的占星師認為，若一個相位是出相位，其影響力會開始減弱，因為出相位代表事情已經發生過了，那麼需要注意的焦點就不必放在這裡。在時辰占卜占星學中，除非要回顧過去發生的狀況，否則出相位甚至可以不必討論，只會考慮入相位與正相位。

Septile
七分相

當星盤中兩行星或行星與基本點、特殊點之間形成 51 度 26 分的相位，即為七分相，屬於次相位，與業力有關。也有人認為七分相暗示某件當事人必須深入探討的課題，同時須注意該宮位所帶來的困擾。而七分相的 2 倍 102 度 51 分與 3 倍 154 度 17 分等角度，也有同樣的影響力。值得注意的是，七分相目前僅有少數占星師使用。

Sesquiquadrate
八分之三相

在星盤中星與基本點、特殊點間形成 135 度的相位，稱為八分之三相，屬於常用的次要相位之一。傳統占星學視半四分相為凶相；而心理占星學研究發現，八分之三相與半四分相都與引發

衝突、意外有關。人文占星學派認為，八分之三相可以觀察兩顆行星中，移動較快的行星的移動方向，以區分其緊張狀態的變化。

Seventh House
第 7 宮

　　星盤上的第 7 宮對應黃道上的第 7 個星座天秤座，傳統的定義為婚姻伴侶以及法律合約關係。心理占星學將這一宮視為我們與他人間的平等互動，所以在個人星圖中掌管伴侶生活、本人與他人的對等互動以及和他人的合作關係。在世俗占星學上代表外交、敵國或邦交國。

Sextile
六分相 ✳

　　在星盤中，兩行星或行星與基本點、特殊點之間形成 60 度的相位，稱為六分相，是主要相位之一。傳統占星學認為六分相帶來吉利；心理占星學則認為此相位與機會、技巧、應用、友誼有關。值得注意的是，雖然六分相是主要相位，但通常被視為影響力稍弱的的主要相位，這也是為什麼多數占星師在主要相位中，給予六分相的角距容許值比其他主要相位來得小，多半只給到前後 4 度。

Sidereal
恆星的

地球上的時間測量單位，通常定基於地球與太陽的相對關係（1 年或 1 天），或人文的制訂關係。占星上，許多衡量的距離需要以恆星背景作為基準點，為了與一般的時間單位或度量單位作區別，故常有許多名詞前面冠以「恆星的」這個詞，表示是以恆星背景作為測量基準。

S

Sidereal Cycle
恆星週期

參見詞條「Cycle 週期」。

Sidereal Month
恆星月

一個恆星月是指，從地球角度來觀測月球繞行天球一週的時間，大約是 27.32 天。稱作恆星月，是因為人文制訂的月分無法符合占星學的觀測需求。占星家在做天體觀測時以黃道的恆星背景為基礎，藉此觀察月亮繞行完黃道一圈的時間，作為一個恆星月的定義。

Sidereal Time
恆星時間

我們平時的時間，是以地球對太陽自轉一天的時間作為 24 小

時的依據，這個時間又稱太陽時間。但在計算星圖時，我們會以
黃道背景的恆星作為基準，每轉回到同一個點為 1 天。恆星時間
與我們平日使用的太陽時間，每天會有接近 4 分鐘的差距，所以
在計算星圖時，必須將我們使用的太陽時間換算成恆星時間，以
求得星體在天空的實際位置。

Sidereal Zodiac
恆星黃道

　　以實際天體恆星背景上的星座為主的黃道帶。但占星學上所
稱的恆星黃道，仍與天文學的黃道不相同。恆星黃道多半為印度
吠陀占星學所使用，歐美占星師則使用回歸黃道。恆星黃道與回
歸黃道會因恆星移動的歲差關係，而產生巨大的差別。例如：3 月
22 日出生的人，對使用回歸黃道的占星師來說仍然是牡羊座，但
對於使用恆星黃道的占星師來說，這天出生的人屬於雙魚座。同
時也須了解，吠陀占星師對雙魚座的看法與西方占星師對雙魚座
的看法有著明顯差異。

Sign
星座

　　占星學上專門指黃道上的十二個星座，是用來區分行星在黃
道上運行的座標。一般人稱呼的「Sign」，多半是指一個人太陽所
在的星座，但占星師使用「Sign」一詞時，並不一定就是指太陽進
入的這個星座，而是單純指黃道上的一個區塊。

Significator
象徵星

　　象徵星有許多定義。首先，象徵星可以指與某件事物有關聯的行星。例如：貴金屬與金星有關，而與交通有關的則為水星。在時辰占卜占星學上，象徵星會依據問題與詢問者而改變。例如：通常稱第 1 宮的傳統守護星為象徵星，因為它代表前來求助的詢問者，但如果問題與前來求助的詢問者無關時，象徵星就可能是其他宮位的守護星。

Sign of Long Ascension（Sign of Right Ascension）
長上升星座

　　因為地軸傾斜的關係，巨蟹座、獅子座、處女座、天秤座、天蠍座和射手座停留在高緯度地區東方地平線上的時間較長，故稱為長上升星座。其影響是在使用不等宮制繪製星圖時，容易產生「截奪宮」（Intercepted House）的狀況。

Sign of Short Ascension（Sign of Left Ascension）
短上升星座

　　從東方地平線上升起時間較快的星座，包括摩羯座、水瓶座、雙魚座、白羊座、金牛座和雙子座。在使用某些不等宮制的宮位劃分時，短上升星座常常會成為被截奪的星座。詳細內容參見詞條「截奪 Interception」。

Sixth House
第 6 宮

　　星盤上的第 6 宮與黃道上第 6 個星座處女座相互呼應。傳統占星學認為，第 6 宮掌管健康、下屬、僕人等；現代占星學的第 6 宮則有較多的變化。對於個人而言，第 6 宮代表每日的工作、身體與健康、規律的生活等；對世俗占星學而言，則代表工業、勞工階級、疾病與公共衛生系統等。

Social Planet
社會行星

　　木星和土星在現代占星學中被稱為社會行星。這個定義與內行星（Inner Planet）及外行星（Outer Planet）的分類概念類似，皆以對生活中不同層面的影響來判斷。關於個人內心互動的稱為內行星，而影響我們與外界社會互動的則稱為社會行星。至於外行星，是由於會影響外界社會與時代變遷，因而得名。

Soft Aspect
柔和相位

　　柔和相位是近代占星學的相位分類法中的一種。占星師將三分相、六分相定義為柔和相位。傳統占星學認為，這樣的相位被視為是吉相；但從人文與心理占星學的角度來看，柔和相位的影響力道比較弱且溫和，不像強硬相位容易導致事情發生，卻也容易帶來讓人不舒服的狀況。

Solar Arc
太陽弧

參見詞條「Arc 圓弧」。

Solar Arc Direction
太陽弧正向推運法

　　近年來，太陽弧正向推運法在歐美占星學界廣受歡迎。推運在於以出生後的星盤來預測未來的運勢發展，最常見的如：以出生後第 2 天的行星位置，暗示第 2 年的命運，這種作法稱為二次推運（Secondary Progression）。

　　太陽弧正向推運法，是由二次推運變化而來。二次推運以第 2 天行星的天體實際位置為主，但外圍行星（木、土、天、海、冥）在此預測中幾乎就不會移動。於是占星師們將太陽每一天移動的度數，作為所有星體的移動標準，並作為推運的法則。

　　這些法則都是天體象徵性的移動，而非實際移動。這樣的法則又稱作正向推運法（Direction）。有所謂 1 度法正向推運法，利用太陽每天接近 1 度的運行，套用在所有行星的移動上。之後，耐波德算出太陽平均每天只移動 0 度 59 分 08 秒，以這個度數來推運的方式稱為「基數推運法」。最後，人們得以精準算出每天太陽的運行度數會因季節而有所不同，從夏天的 0 度 57 分 11 秒到冬天的 1 度 1 分不等。以上述精準度數來推運的手法，就稱為太陽弧正向推運。運用此方法，星盤上所有的行星與上升、天頂，都會按照出生當日太陽的日間弧度（Diurnal Arc）來移動。

　　依每個人的出生日期，日間弧度可能從0度57分到1度1秒不等，以此作為來年運勢的推測。例如：某人出生當天，太陽的日間弧度為0度58分，這時要觀察他1歲時的運勢，就可將他命盤上所有的行星（包括上升、天頂）都移動0度58分；若要觀察他10歲的運勢，就將他星盤上所有的位置都移動9度40秒（0度58分乘以10），就可以觀測他10歲的運勢。

　　太陽弧正向推運的好處在於，它不像二次推運，星盤上的移動緩慢、看不出變化；而且經過許多案例研究，太陽弧正向推運法有相當的準確程度。

Solar Eclipse
日蝕
　　當新月週期，月亮經過太陽，正好在太陽與地球的中間時，就會產生日蝕。日蝕時，月亮必然位於黃道與月球軌道交點（南北月交）的附近。占星學認為，日蝕會帶來重大影響，可以反映這幾年社會上需要注意的議題，與容易發生何種令人震驚的事件。

Solar Return（Solar Revolution）
太陽回歸法
　　太陽回歸法是流年預測方式的一種。在占星學的觀念中，行星運行是循環的。太陽每經過一年會回到黃道上相同的位置，於是便依照每年太陽回到出生時刻的正確位置時間（大約是生日左右），計算出一張星圖。利用這張星圖，判讀下一次太陽再回到同

樣位置的運勢，就是太陽回歸法。太陽回歸可以說是相當簡單的流年運勢推測方式，只要是會解讀命盤的占星愛好者，就可以約略解讀太陽回歸的盤。一般認為，太陽回歸的影響週期從生日前 3 個月開始，到下一個生日後 3 個月正式結束。「Solar Revolution」則是太陽回歸法的別名。

South Node
月亮南交點

參見詞條「Dragon's Tail 龍尾」。

Splash Shape
散落型

瓊斯圖形之一，在出生圖中行星散落在許多星座上，10 顆行星平均散布在命盤的各個角落，且行星形成集團的機會不多，正好與集團型的人性格完全相反。這樣的人很重視全方位的知識，展現個人的興趣廣泛，卻不易專心，被認為與雙子座和射手座有關。

Splay Shape
擴展型

瓊斯圖形之一，與散落型十分相似，但行星至少要有三分相，且呈現 2 個以上的集團才能稱為擴展型。這種人相當具有個人主義色彩，認為自己是特殊且獨一無二的人物，不喜歡被歸

散落型

擴展型

類、被貼標籤，也不喜歡受約束。一般認為，擴展型與水瓶座有關。

Square
四分相 ⬚

　　兩行星或行星與基本點、特殊點之間形成 90 度的相位。在傳統占星學上，四分相為破壞與阻礙的凶相。心理占星學則認為，這個相位具有壓抑挑戰的能量，通常是由性質類似但目的或方向不一的事件所引發的困擾。

Standard Time
標準時間

　　以格林威治標準時間為基準，訂出的各國間的標準時間。以格林威治為基準，每 15 度經度為一個標準時區（Standard Time Zone），時差一小時，向東遞增向西遞減。全球共有 24 個標準時區，但仍會因為政治和地理因素而有所調整。

恆星週期
Star Phasing

　　在占星學上，若在同一個地點觀察恆星，恆星往往會在一年內重複一些固定的模式。有些恆星終年出現在某地方的夜空上；而有些恆星只會在某些固定的日子出現，接著又消失幾個月或幾週，然後再次出現；有些恆星則完全無法在該緯度被觀測。在巴比倫的占星學中，這些都是預卜吉凶的重要象徵。

　　恆星週期包括以下幾種。

Arise and Lying Hidden
呈現及隱藏

　　受恆星觀測緯度影響，當我們在觀察黃道另一邊的恆星時，有些恆星在一年中某段期間完全不會出現在夜空中。事實上，這些恆星會在白天期間出現在地平線上（呈現），卻因太陽光芒的關係被遮掩（隱藏）。這樣的恆星若與星盤上的行星共軸，會產生特殊的影響，往往帶來更強烈、直接且宿命的感受。對北半球來說，位在黃道南邊的恆星就會產生呈現及隱藏的現象。

Circumpolar
拱極星

　　某些靠近天空中北極或南極的恆星，一年到頭都能在某地的夜空中被觀察到，它們稱為拱極星。對中港臺來說，因為這些地區都在北半球，所以拱極星多半出現在北極星的周圍。由於拱極星一年到頭都不會接觸地面，像天神一般，因此具有一種不食人間煙火的特質。在產生共軸時，也會對人世間的事物有著不同的看法態度與影響。

Curtailed Passage
縮短通道

　　當我們在一年的週期、在同一緯度觀察恆星時，某些恆星會在一段時期完全不觸碰地面，然後又開始落下。這只會發生在與觀測者在黃道同一邊的恆星。對中港臺來說，黃道北方的恆星有可能會發生縮短通道的現象。這些恆星短期不接觸地面，屬於自身週期中的特殊時刻。他們象徵接近於聖人的凡人，在星盤中會特別被強調，並引領我們走向神聖路途。

Sub-Rulership
次守護關係

　　某些宮位、星座與行星會呈現次級的守護關係。在傳統占星學中，有所謂的元素守護、面守護、界守護等。例如：金星並不守護雙子座，但當金星進入雙子座 22 度時，便進入了它的界守護。傳統占星學認為，這時候金星屬於小小的吉相，並稱這樣的星座與行星關係為次守護關係。但也有少數占星師認為，若一個星座或宮位同時擁有傳統守護與現代守護星時，所呈現的守護關係便為次守護關係。

Substance House
物質宮位

　　在占星學中，命盤與黃道上金牛座對應的第 2 宮、與處女座對應的第 6 宮，以及與摩羯座對應的第 10 宮通稱土相宮位，也稱為物質宮位。土相宮位具有土相星座世俗與物質生活的特質。第 2 宮與物質的生產、擁有有關；第 6 宮與規律的工作態度有關；第 10 宮則與組織管理有關。一個人命盤中若沒有行星落入土相星座，又沒有行星落入物質宮位時，暗示此人較不重視物質生活。

Succedent House
續宮

　　又稱固定宮位，指星盤上與金牛座、獅子座、天蠍座、水瓶座相對應的第 2、5、8、11 宮。這些宮位在星盤上出現在每個象

限中的角宮之後，因此這些宮位就代表負責管理角宮所發展出來的事務，並且堅守著。出現在續宮的行星，多半都有固定與堅持不變的意味。

Sun
太陽

　　太陽系的中心，在占星學上為重要的發光星體之一。傳統占星學中，太陽象徵男性、君王、自我、父親、丈夫等；在現代占星學中代表自我、自我呈現、精力、活力。心理層面上常描述太陽為個人追求的事物、對於想要成功的憧憬。在世俗占星學上，太陽代表國家元首；在醫療占星學中，則代表心臟、背部、脊椎、脾臟。

Sun Sign Astrology
太陽星座占星術
Sun Sign Column
太陽星座專欄

　　太陽星座占星術，是指以個人的太陽星座來進行性格與預測的討論。對占星術不了解的大眾，通常只以太陽所在的星座來討論性格與運勢，由此發展出媒體上廣泛所見的星座運勢。若只以個人的太陽星座作為運勢推測，占星師稱之為太陽星座專欄。對於認真看待占星術的占星師來說，使用這兩個詞時都有點貶抑的

意味，認為這樣的認定過度簡化了占星學的豐富內容。

Superior Planet
外圍行星

　　以地球軌道為界定，在地球軌道之後的行星都稱為外圍行星，包括火星、木星、土星、天王星、海王星和冥王星。有人會把外圍行星跟外行星（Outer Planet）搞混。事實上，外行星在占星學中指的是天王星、海王星、冥王星。而外圍行星多半只是以軌道來區分。除了在占星學的天文學裡與占星計算中使用外，這個詞並沒有非常深刻的占星學定義。

Synastry
合盤

　　將一張星盤上記載的符號，重疊在另外一張星盤上作判斷，便稱為合盤。透過兩張（以上）星盤間星體的相位與互動關係，來觀察兩個人（以上）的關係。但今天「Synastry」在占星學中，常被拿來泛指全部的合盤技巧，甚至包括中點組合盤的技巧。

Synodic Cycle
相位循環

　　星盤上的兩個行星（或行星與基本點）從合相到下次合相的週期，稱為合相循環。世俗占星學、自然占星學與財經占星學特別重視合相循環。世俗占星師認為，我們可以從合相循環預測

政治、經濟文化的變遷。財經占星學與自然占星學的研究者則認為，外行星合相循環與自然環境的變遷有特殊的連結。有些占星師認為，這可能是星體間引力的結果；也有占星師認為，這是太陽黑子、風暴週期與行星循環的規律，而非引力影響。財經占星師就認為木星與海王星的合相循環，與土星、海王星的合相循環都會影響世界經濟的起落。

占星歷史

阿拉伯占星術

　　西元 9 世紀的阿拉伯哲人阿爾金迪（Al kindi），是將希臘羅馬文化引入阿拉伯世界的重要人物。經由他的介紹，亞里斯多德與柏拉圖的世界觀也進入了阿拉伯的文化當中。而他的弟子阿布馬謝（Abu-Ma'shar）以及再傳弟子猶太人馬夏爾（Masha'alla）由於熱衷於占星術、鍊金術與神祕學，也將希臘人的占星與神祕學藝術發揮得淋漓盡致。而經由阿布馬謝的深入研究，更整理出了「阿拉伯點」，成為阿拉伯占星術的一大特色。

——摘錄自《占星全書》

T

Table of House
宮位表

　　採非等宮制時，為了方便劃分宮位、繪製星圖，每種制度都會有一份宮位表作為參考使用。星盤的宮位劃分有時需要應用到微積分與球面三角的計算，但並非每位占星師都有能力利用球面三角與微積分，計算出正確的上升與天頂角度，所以宮位表在電腦普及前，對占星師來說相當重要。反過來說，普及的宮位表也會使某種宮位制變得相對有影響力。例如著名的時辰占卜占星師威廉‧禮尼在他的鉅著《基督教占星學》中是使用芮氏宮位制，並且附上了宮位表。這使得芮氏宮位制在當時流傳得十分普遍，甚至現代學習時辰占卜占星術的占星師們仍遵循著這個方法，只使用芮氏宮位制。

Taurus
金牛座 ♉

　　黃道上的第 2 個星座，固定的土相星座。占星學上認為，金牛座與物質、金錢有關，且追求實際、穩定的生活。在心理層面上，金牛座暗示著擁有物質所帶來的安全感，以及對於能力（力量）的獲得。金牛座的占星符號為牛頭的簡化，而金牛座的守護星是金星。

Temperament
脾性

　　古典的西方哲學與傳統的西方醫療認為，四元素為萬物的創始元素，所以宇宙的每件事情都會具有其元素特性。而每個人的身體中，也有跟四元素相關的四種體液，分別是與火元素有關的黃膽汁、與土元素有關的黑膽汁、與風元素有關的血液以及與水元素有關的黏液。

　　在占星學上，四種體液在身體內的均衡關乎健康。我們可以從個人的出生星盤或是古代問診時，當時星盤的行星配置來計算判斷體液的平衡，近一步判斷身體與疾病的關係。近代占星學中，脾性與元素的關係轉化為對性格的描述。

Tenth House
第 10 宮

　　星盤上的第 10 宮與黃道上的第 10 個星座摩羯座相互對應。

傳統占星學認為，第 10 宮象徵：光榮、國王、貴族等統治者以及成功。威廉·禮尼認為第 10 宮與母親有關。現代占星學認為，其基本特質包含組織、外界社會、社會地位、公司、個人職業、對於社會的付出等。在世俗占星學上則代表政府與執政黨。

Term
界守護（六度守護）

在占星學中，當你看到「Term」一詞需要特別注意。一般來說，它只是專用術語或名詞，但在時辰占卜占星學上，每個星座與行星也有一種稱為「Term」的互動，就是「界守護」或稱「六度守護」。將每個星座的 30 度等分成五等分，每 6 度為一個「Term」。除了太陽、月亮外，其他五個傳統行星在每個星座中，都會有一個適合它的期限。當行星進入屬於它的 6 度期限時為小吉相，類似之前所說的「面守護」或「十度守護」（Face）。

Third House
第 3 宮

在星盤上，第 3 宮與黃道上的第 3 個星座雙子座相互呼應。占星學上的基本意涵為溝通、自我表達、學習、兄弟姊妹、鄰人、交通等。在世俗占星學中代表通訊、教育系統、與鄰國鄰近地區的關係。

Transit
行運（行星過運）

又稱「過運法」，是目前最為簡便的流年預測方式。行運是依照當下時刻的天體行星運行，對應在個人星盤的位置來推算運勢。與推運法相同，屬於以實際星體運行推測命運的方式。但很少有占星師僅使用行星過運作為運勢推測的方式，甚至許多現代占星師認為，行星過運至少必須搭配本命盤的「二次推運」（Secondary Progression）或「太陽弧正向推運」（Solar Arc Direction）等方式作為運勢推測，才能維持其準確性。

Trans-Neptunian Planet
超海王星行星

漢堡學派所創造的虛星之一，有時也稱為「超冥王星行星」（Trans Pluto Planet）。這些星體事實上並不存在，有些符號是來自第一次大戰前，人們尋找天空中存在的第9顆行星（今天的冥王星）時所給予的名字，最後被漢堡學派的占星學者們拿來使用，並假定它們的存在，也設計了這些行星的運行軌道。請留意，不要把它誤認為當今天文學中的海王星外天體（Tran-Neptunian Objects）。

Transpersonal Planet
超個人行星

占星學認為，天王星、海王星和冥王星這三顆行星的影響

往往超越個人，會影響整個世代，於是常稱呼這三顆行星為超
個人行星。天王星、海王星與冥王星這三顆行星在占星學中擁
有的共同名稱包括：外行星（Outer Planets）、現代行星（Modern
Planets）。在中文當中又習慣簡稱「三王星」。

Trine
三分相 △

　　兩行星或行星與基本點、特殊點之間形成 120 度的相位。在
傳統占星學上，三分相是一個吉相；在心理占星學中，三分相具
有包容、融合、接受的意涵。占星師認為，這樣的行星角度所產
生的共鳴多半是正面的，也能讓行星發揮較具建設性的影響力，
但有時也會為當事人帶來盲點與惰性。

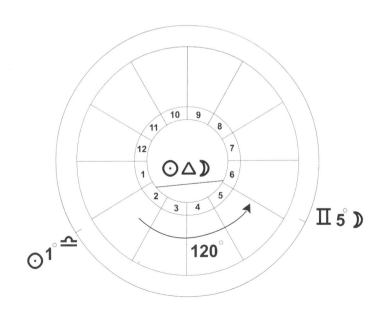

Triplicity
元素守護

　　將黃道上的星座依據所屬的元素，每三個一組，分成火相星座、土相星座、風相星座和水相星座。但在時辰占卜占星學當中，「Triplicity」是指依照星座四分法的分類，每個元素都有其日間守護的行星與夜間守護的行星，我們稱為四元素守護。火相星座白天由太陽守護，夜間由木星守護；土相星座白天由金星守護，夜間由月亮守護；風相星座白天由土星守護，夜間由水星守護；水相星座不分日夜都由火星守護。

四元素守護

星座	日間守護行星	夜間守護行星
火相星座	太陽	木星
土相星座	金星	月亮
風相星座	土星	水星
水相星座	火星	

Tropical Zodiac
回歸黃道

　　以太陽回歸春分點，亦即北半球春天晝夜平分當天，作為牡羊座 0 度的起點，稱為回歸黃道，是目前西方占星學所使用的黃道，有別於印度的吠陀占星學所使用的接近實際天體的恆星黃道。關於回歸黃道與恆星黃道之間的關係，請參考詞條「歲差 Precession」。

True Node
實際（月）交點

在過去，月亮交點的計算相當籠統。電腦化之後，精確計算的月亮軌道與黃道間的交點稱為實際月交點，因此稱過去概略計算的方式為平均（月）交點（Mean Node）。選用何種月交點沒有一定的標準，就連遵循傳統的時辰占卜占星師，有時也會選用實際月交點來作為判斷依據。

T-Square
T 型三角

圖形相位中，當兩顆行星成為對分相，第三顆行星同時與對分相的行星形成兩個四分相時，稱為 T 型三角。這三顆行星形成一個 90 度角，其中兩個行星就是對衝的 180 度，而另一個行星則分別和這兩個行星呈 90 度，因此兩個對相的行星就像是 T 字的橫槓，介於中間的行星則成為 T 字直線的端點（我們通常稱為 T 形第 3 顆行星）。這顆行星也就是壓力的聚集點。T 形三角的圖形相位擁有強大的能量，由於對衝行星的能量完全加諸在第 3 顆行星上，會使得這顆行星所在的宮位承受最大的壓力，或是會讓當事人的個性較為壓抑。又稱作宇宙十字（Cosmic Cross）。

Twelfth House
第 12 宮

星盤上的第 12 個宮位與黃道的第 12 個星座雙魚座相互呼

應，在占星學上代表被遺忘的事情、安靜的角落、隱藏的角落。心理占星學認為，第 12 宮代表集體無意識所要凸顯的事物。在世俗占星中代表監獄、醫院等大型機構。

Tertiary Progression
三度推運

　　參見詞條「Progression 推運法」。

占星歷史

中世紀占星學

　　在中世紀前後的一段時間，占星學受到基督教的鎮壓，幾乎已經消失殆盡，只剩下黃道上的符號出現在中世紀所使用的曆法上。占星學在歐洲沉寂了一段時間後，又藉著阿拉伯人的著作回到了歐洲。12 世紀阿布馬謝的作品《天文學入門》（*Introductorium in Astronomia*）被翻譯成拉丁文進入了歐洲，展開了占星學的另一個階段。西元 1125 年，波隆那大學（Bologna University）將占星術列為正式學科，可見占星術逐漸在中世紀社會發生了一些影響。

——摘錄自《占星全書》

Unaspected Planet
無相位行星

　　當某行星與其他行星或基本點、特殊點之間沒有產生任何主相位時，就可以判定它是無相位行星。隨著現代占星學使用的星體增加，無相位行星出現的機率不多，該行星與所在的星座、宮位所代表的意義，將會在這個人的性格上明顯呈現，卻也常是這個人的人格當中，無法依靠個人力量整合的部分，帶來相當嚴重的困擾。

Uranus
天王星

　　太陽系的第7顆行星，在占星學上的定義為超越的、改革

的、反叛的、混亂失序的、具有人道精神與理想主義的，與電磁和高科技有關。在心理層面的意涵，是超越固有傳統的、超越自我，且從這一層的意思，引發了改革與革新的意涵。同時，也因為有超越自我的意涵，引申出人與人之間的合作。由於天王星被發現的時刻正值 18 世紀的革命風潮，打破階級、自由開放的思想開始出現，於是天王星也具有平等的意涵。天王星在占星學中是水瓶座的現代守護星。

占星歷史

文藝復興時期的占星學

　　文藝復興時期可以說是占星學的全盛時期。文藝復興在歷史學上的定義，就是歐洲人試圖回復以往希臘羅馬時代的人文精神。此時，無論社會或是歐洲的宮廷、教會，都瀰漫著一股占星的風氣。從喬叟（Geoffrey Chaucer）和莎士比亞（William Shakespeare）的著作中，我們就可以知道占星學在當時是如何左右人們的生活與思想。

——摘錄自《占星全書》

Venus
金星

　　太陽系的第 2 顆行星，是傳統占星學的吉星，代表喜事、女性、金錢與貴重金屬。現代占星學上，金星與和平、協調、美感、戀情、藝術、喜歡的事物有關。心理層面上與個人價值觀有著密切的關聯。心理占星師認為，金星具有和緩與削弱其他行星性質的意涵。在占星學中，金星守護金牛座與天秤座。

Vernal Equinox
春分點

　　在北半球，當太陽在春天呈現晝夜均分的時刻，即為春分點。西方占星師以太陽進入此點作為牡羊座 0 度黃道的起點。春

分點又稱作「Spring Equinox」。在西方占星術中,春分點具有重要的意涵。由它作為黃道牡羊座 0 度的基準點就可以看出,這個位置在占星學中具有領先的意味。

Vertex
宿命點

由占星師莊佐(Edward Johndro)研究而來,其定義為主垂圈與黃道在西方的交點,因此多落入於星盤中代表人我關係的西半邊。使用宿命點的占星師認為,這是星盤上除了上升點與天頂之外的第 3 個重要的點。占星師認為宿命點與個人宿命中不可抗拒的人事物有關。也有占星師認為,此點常強調人際關係上所發生的事件,特別常被人使用在合盤上,有宿命的意涵。這也是為何「Vertex」在中文常被翻成宿命點的原因。也有占星師主張宿命點具有實現願望的意涵。不過「Vertex」的使用與小行星或莉莉絲一樣,在占星學中常引發爭論。

灶神星
Vesta

　　「Vesta」是火星與木星間的小行星帶中，體積第 3 大的，但它卻是小行星中最亮的。在無光害影響的環境下，用肉眼即可觀察。「Vesta」是希臘羅馬神話中的家庭女神，在希臘文中她稱為赫斯蒂亞（Hestia），原本是十二主神之一，卻願意將位置讓給酒神而專心守護家庭。在小行星的占星術中，灶神星所代表的宮位意指我們集中火力就可以有最佳表現的地方，不過卻提醒我們，同時得注意是否在這方面花太多的時間，必須適度休息，否則將產生健康上的危機。而其所在的星座，表示我們如何專心致力於某件事物。

1　灶神星所在的星座

灶神星在牡羊座

　　這些人具有衝勁但火力不足，所以他們總是得立即採取行動，用最快速的方法完成，否則他們很有可能會引擎熄火。

灶神星在金牛座

　　這些人要集中精神，必須花上很長一段時間，但他們也很有耐心，甚至固執，一旦做上癮之後就停不下來。

灶神星在雙子座

這些人很難集中精神，他們只有在溝通的時候最為專注認真，其他時候恐怕很難。他們做事的方法傾向一次完成許多事情。

灶神星在巨蟹座

灶神星在巨蟹座的人對於家裡的事情最為認真。他們必須趁著心血來潮、情緒不受影響時集中火力，一旦情緒受到影響，他們就容易一事無成。

灶神星在獅子座

這些人總喜歡誇大自己的認真程度。他們喜歡其他人的配合，特別在表現自我時，他們顯得最為認真。

灶神星在處女座

他們認真起來相當可怕，總是有許多細節要注意，而他們也都有能力把一些雞毛蒜皮的小事都挑出來。雖然認真，但是進度往往會被拖延。

灶神星在天秤座

他們在做時事情的時候需要伙伴的支援。如果孤單一人會讓他們沒什麼自信。一旦有了搭檔，就能夠順利完成工作。

灶神星在天蠍座

　　一旦讓他們嗅到不對勁的神祕氣息，他們就會變得相當認真。他們喜歡挖掘真相，或是找出隱藏的事情，這會讓他們全身都充滿鬥志。

灶神星在射手座

　　他們似乎也是很難集中火力的人，因為最能讓這些人專心的事情叫作自由自在。有時因為他們的興趣太多、太廣泛，宗教、真理、國際事務都會讓他們產生興趣，而無法集中火力。

灶神星在摩羯座

　　這些人對於計畫成功的未來，以及如何組織一個團體這些事情，都相當有興趣，也能在這方面有所發揮。

灶神星在水瓶座

　　灶神星在水瓶座的人把朋友看成家人，並會努力守護著他們。他們對友情這件事情看得相當重。

灶神星在雙魚座

　　這些人總是花太多時間在幻想上，有些時會為了完成遠大的夢想，願意犧牲奉獻自己去幫助其他人。

2　灶神星所在的宮位

灶神星在第 1 宮

只要是他們想做的就一定能夠完成，但這些人總是把時間都放在實踐夢想上了，有些時候必須停下腳步來休息。

灶神星在第 2 宮

特別是與金錢有關的事物或工作，會讓這些人徹底奉獻出時間。他們寧願犧牲自己的一切以換取金錢的穩定，如果不能有適當的休息，恐怕也無福消受。

灶神星在第 3 宮

這些人總是忙進忙出，傳遞著他們認為重要的訊息，並為了鄰居或是兄弟姊妹而忙。有些時候必須靜下來，找個沒有人的地方好好休息。

灶神星在第 4 宮

家庭就是灶神星在第 4 宮的宿命，他們將所有精力都奉獻給家人而忽略了自己。最好能夠為自己規畫一些外出的行程或課程，暫時離開家裡幾小時當作充電休息。

灶神星在第 5 宮

這些人會為了情人和子女而不停忙碌，生活中總是為了這些事情而擔憂，必要時必須和朋友一同出門，參加一些新鮮的活動。

灶神星在第 6 宮

此人是天生的勞碌命,他們常將自己賣給工作和微薄的薪水。他們很可能在老闆和部屬中求生存,想要面面俱到,最後就是很辛苦地把自己搾乾。如果還不懂找時間休息,那麼過勞死的機率就很高了。

灶神星在第 7 宮

灶神星在第 7 宮的人為了身邊的伴侶而忙碌。如果他們單身,那就很可能是為了事業上的伙伴或最親密的朋友忙錄,也因此犧牲了自己的空間。如果不懂得多給自己一點私人時間與空間,恐怕很快就會疲乏了。

灶神星在第 8 宮

為他人做嫁、處理他人的財務問題,或是「性」這件事情,都容易成為這個人忙碌的目標。如果不懂得停下來做些其他事情,這些人的人生恐怕會是黑白的。

灶神星在第 9 宮

這些人熱衷於研究與學習,或是旅行,在這些事情上他們投入大量的精力,這些雖然都是好事,但也必須要有所節制。

灶神星在第 10 宮

他們將所有的精力都放在事業上,為了老闆賣命,拚死拚活

只為了換取老闆的滿意。這些人也不懂得何時該休息,可能會忙碌到病倒為止。

灶神星在第 11 宮

這些人總是不斷在替朋友著想、為他們付出,但有些時候也必須擺脫他們換取一點私人空間,才不會迷失自我。

灶神星在第 12 宮

這樣的人將太多的心思放在沉思、冥想或是貢獻給他人上頭。如果不懂得停止、稍作休息的話,他們能夠幫助的人恐怕很有限。

Via Combusta
燃燒區

　　在時辰占卜占星學當中，從天秤座 15 度到天蠍座 15 度之間被稱為燃燒區。當月亮經過這個區域時，被視為凶相。其理由眾說紛紜，有占星師宣稱，因該區恆星的性質不利於太陽與月亮這兩個發光體；也有占星師認為，天秤與天蠍有利於土星與火星這兩個凶星，所以當月亮經過此處時，並非代表月亮處於脆弱的位置，但顯示月亮被嚴重的干擾而顯得煩躁危險。通常是暗示詢問者過於急躁、焦慮所帶來的不愉快時間。在時辰占卜占星學中，月亮經過燃燒區是一種無法判斷星盤的徵兆，但時辰占卜大師威廉‧禮尼所作的占卜中常忽略這個限制。

Virgo
處女座 ♍

　　黃道上的第 6 個星座，變動的土相星座。占星上的基本定義是重視細節、觀點實際的性格。心理占星學認為處女座代表人們再次利用感官的能力來探索內外在的差異，因而產生觀察、比較、分析與批評，也產生衝擊。處女座在占星學上的符號為女子的頭髮，守護星為水星。

Vulcan
工神星

　　「Vulcan」是希臘神話的工匠之神。在占星學中，此星也被漢

堡學派運用。作為虛星的名稱之一。這個符號結合了神祕學的火元素符號以及火星的符號，代表活力、強大、充滿能源的狀態。特別當太陽與這顆星結合時，將會帶來極度活躍的能量。

Waning Moon
下弦月

　　月亮在滿月過後開始消蝕的週期，大約就在陰曆的十五過後一直到隔月初一左右。這段時間月光逐漸黯淡。在人文占星學派的研究當中，下弦月階段代表事物開花結果，以及傳播直到結束的階段；而在擇日占星學中，下弦月的時刻不適合開始一些你希望越做越大的事情，例如：開張，較適合在這時候開始做一些你希望早點完成的工作。

Water Element
水元素

　　在西洋神祕學與古典哲學中認為，世界由風、火、水、土等

元素構成。水元素在神祕學當中具有濕與冷的特質，與火元素乾與熱的特質相對應。占星學上，與水元素有關的為水相星座與水相宮位。

Water House
水相宮位

在星盤上，與黃道巨蟹座相對應的第 4 宮，與天蠍座對應的第 8 宮，以及與雙魚座對應的第 12 宮稱為水相宮位。水相宮位又稱為結束宮位（Ending House）或感受宮位（Feeling House）。占星師認為，水相宮位強的人纖細敏感，具有較強的同情心與同理心，然而在一張命盤上若沒有任何行星落入水相星座，同時又沒有任何行星落入水相宮位時，此人在事物的判斷上較少用感受與情感，容易讓人覺得無情。

Water Sign
水相星座

巨蟹座、天蠍座和雙魚座為占星學上的水相星座。傳統占星術認為，水相星座與生產、繁殖有關；現代觀念認為水相星座感受性強。心理層面上，水相星座因感受力強，情緒起伏大，往往造成許多困擾。心理占星學派占星師將水相星座與榮格四大人格特質當中的感覺型（Feeling Type）相互連結。

Waxing Moon
上弦月

從新月起到滿月之前，月亮光芒逐漸增強的週期，稱為上弦月。一般認為，大約是陰曆的 3 號過後並見到新月的光芒起，才能開始算是上弦月的週期。在人文占星學派的理論中，上弦月週期是事務與個人孕育成長的階段，所關注的多半在自身的範疇；而擇日占星學認為，上弦月週期有利於事務發展與壯大。

Western House
西方宮位

從第 4 宮起到第 10 宮，稱為星盤上的西方宮位。在命盤中西方宮位較為強勢的人，重視自我與他人的關係，也期待從他人身上獲得回應，其目的是想要從他人的眼中來發現自己，或者希望藉由吸取他人的經驗來使自己成長。

占星歷史

近代占星學的發展

17 世紀時，占星家們仍為了「時辰占卜占星術」與「決疑占星術」的不同觀念而爭論。其中攻擊火力最猛的包括創立「普拉西度分宮制」的義大利僧侶普拉西度與自由城的莫蘭（Morin de Villefranche）。兩人都提出了嚴重的指摘，認為時辰占卜占星術是一個與占星毫不相關的言語占卜，和巫術沒有兩樣。的確，從決疑占星師的眼光來看，時辰占卜與個人命運毫無時間的連結可言。當時知名的占星師威廉·禮尼就是典型的時辰占卜占星大師。

——摘錄自《占星全書》

Zenith
天頂（天球頂點）

　　乃座標系統中，對天球頂點的稱呼。「Zenith」是同地平面算起，當地天空的最高點，跟占星學中的天頂（Midheaven）有著不一樣的意涵跟定義。在現代的占星學中，很少用「Zenith」來稱呼天頂。這詞倒是在古典或中世紀的占星著作中較常見到，有時泛指星盤上第9宮與第10宮的區域。

Zeus
宙斯

　　宙斯是希臘神話中的眾神之王，在占星學中他是漢堡占星學派所使用的虛星之一。這些星體實際上多半並不存在。其意涵為

燃燒的能量，以及行動的領導者，具有創造與開創能力，被控制與被計畫的能量。

Zodiac
黃道帶

以太陽軌道（黃道，Ecliptic）為主，向南與北延伸 9 度，是為黃道帶。古人將這條軌道上的星座以熟知的事物命名，包含許多動物名稱在其中，故「Zodiac」又有動物圈的意思。在占星學中，黃道帶遵守著托勒密的規範，劃分成十二個區域，也就是十二星座。要注意的是，西方占星師所使用的回歸黃道，與今日天體上黃道的恆星背景已經有很大的差異。

索引

國家圖書館出版品預行編目資料

占星進階辭典〔全新增訂版〕/魯道夫著. – 二版. -- 臺北市：
　　春光出版：家庭傳媒城邦分公司發行, 民108
　　面；　公分
　ISBN 978-986-6822-10-0(軟精裝)
　1.占星術-字典,辭典

292.2204　　　　　　　　　　　　　　　　96009488

占星進階辭典〔全新增訂版〕

作　　　者／魯道夫
責 任 編 輯／何寧

版權行政暨數位業務專員／陳玉鈴
資深版權專員／許儀盈
行 銷 企 劃／陳姿億
行銷業務經理／李振東
副 總 編 輯／王雪莉
發 行 人／何飛鵬
法 律 顧 問／元禾法律事務所　王子文律師
出　　　版／春光出版
　　　　　　台北市 104 中山區民生東路二段 141 號 8 樓
　　　　　　電話：(02) 2500-7008　傳真：(02) 2502-7676
　　　　　　部落格：http://stareast.pixnet.net/blog E-mail：stareast_service@cite.com.tw
發　　　行／英屬蓋曼群島商家庭傳媒股份有限公司城邦分公司
　　　　　　台北市中山區民生東路二段 141 號11 樓
　　　　　　書虫客服服務專線：(02) 2500-7718 / (02) 2500-7719
　　　　　　24小時傳真服務：(02) 2500-1990 / (02) 2500-1991
　　　　　　服務時間：週一至週五上午9:30～12:00，下午13:30～17:00
　　　　　　郵撥帳號：19863813　戶名：書虫股份有限公司
　　　　　　讀者服務信箱E-mail: service@readingclub.com.tw
　　　　　　歡迎光臨城邦讀書花園　網址：www.cite.com.tw
香港發行所／城邦（香港）出版集團有限公司
　　　　　　香港灣仔駱克道 193 號東超商業中心 1 樓
　　　　　　電話：(852) 2508-6231　　傳真：(852) 2578-9337
　　　　　　E-mail：hkcite@biznetvigator.com
馬新發行所／城邦（馬新）出版集團　Cite(M)Sdn. Bhd
　　　　　　41, Jalan Radin Anum, Bandar Baru Sri Petaling,
　　　　　　57000 Kuala Lumpur, Malaysia.
　　　　　　Tel: (603) 90578822 Fax:(603) 90576622 E-mail:cite@cite.com.my

封 面 設 計／萬勝安
插 畫 繪 製／大和製作所
內 頁 排 版／極翔企業有限公司
印　　　刷／高典印刷有限公司

■ 2019 年 10 月 31 日二版 1 刷　　　　　　Printed in Taiwan
■ 2022 年 4 月 29 日二版 1.8 刷

售價／460元

城邦讀書花園
www.cite.com.tw

104 台北市民生東路二段 141 號 11 樓

英屬蓋曼群島商家庭傳媒股份有限公司
城邦分公司

- -

請沿虛線對折，謝謝！

愛情 · 生活 · 心靈
閱讀春光，生命從此神采飛揚

春光出版

書號：OC0037X　書名：占星進階辭典〔全新增訂版〕

讀者回函卡

謝謝您購買我們出版的書籍！請費心填寫此回函卡，我們將不定期寄上城邦集團最新的出版訊息。

姓名：＿＿＿＿＿＿＿＿＿＿＿＿＿＿＿＿

性別：□男　□女

生日：西元＿＿＿＿＿＿年＿＿＿＿＿＿月＿＿＿＿＿＿日

地址：＿＿＿＿＿＿＿＿＿＿＿＿＿＿＿＿

聯絡電話：＿＿＿＿＿＿＿＿＿　傳真：＿＿＿＿＿＿＿＿＿

E-mail：＿＿＿＿＿＿＿＿＿＿＿＿＿＿＿＿

職業：□1. 學生 □2. 軍公教 □3. 服務 □4. 金融 □5. 製造 □6. 資訊
　　　□7. 傳播 □8. 自由業 □9. 農漁牧 □10. 家管 □11. 退休
　　　□12. 其他＿＿＿＿＿＿＿＿＿＿

您從何種方式得知本書消息？
　　　□1. 書店 □2. 網路 □3. 報紙 □4. 雜誌 □5. 廣播 □6. 電視
　　　□7. 親友推薦 □8. 其他＿＿＿＿＿＿＿＿＿＿

您通常以何種方式購書？
　　　□1. 書店 □2. 網路 □3. 傳真訂購 □4. 郵局劃撥 □5. 其他＿＿＿

您喜歡閱讀哪些類別的書籍？
　　　□1. 財經商業 □2. 自然科學 □3. 歷史 □4. 法律 □5. 文學
　　　□6. 休閒旅遊 □7. 小說 □8. 人物傳記 □9. 生活、勵志
　　　□10. 其他＿＿＿＿＿＿＿＿＿＿